Landschaften auf
TENERIFFA
ein Auto- und Wanderführer
Dritte Auflage

Noel Rochford
deutsch von
Andreas Stieglitz

SUNFLOWER
BOOKS

Für Ramona

Dritte Auflage
Copyright © 1995
Sunflower Books
12 Kendrick Mews
GB-London SW7 3HG

Erste Auflage 1984
Zweite Auflage 1989

Alle Rechte vorbehalten. Ohne vorherige schriftliche Erlaubnis des Verlages darf kein Teil dieses Buches elektronisch, fotomechanisch, durch Fotokopie, Bandaufnahme oder auf andere Weise vervielfältigt oder gespeichert werden.

ISBN 1-85691-048-2

Drachenbaum (Dracaena draco)

Wichtiger Hinweis an den Leser

Wir haben uns um Beschreibungen und Karten bemüht, die zum Zeitpunkt der Drucklegung fehlerfrei sind. Neuauflagen werden (sofern erforderlich) aktualisiert. Es wäre für uns sehr hilfreich, Ihre Verbesserungsvorschläge zu erhalten. Bitte senden Sie Anregungen und Kritik auf Deutsch oder Englisch an den Verlag.

Wir verlassen uns auch darauf, daß die Benutzer dieses Buches — insbesondere Wanderer — die Landschaft mit Besonnenheit und Umsicht erkunden. Die Gegebenheiten können sich auf Teneriffa durch **Sturmschäden sowie Bauarbeiten schnell ändern.** Sollte einmal eine Wanderroute anders als hier beschrieben sein und Ihnen der weitere Weg unsicher erscheinen, kehren Sie zum Ausgangspunkt zurück. ***Versuchen Sie niemals, eine Tour unter gefährlichen Bedingungen fortzusetzen!*** Bitte lesen Sie sorgfältig die Ausführungen auf den Seiten 31 bis 38 sowie die einleitenden Planungshinweise (hinsichtlich Straßenzustand, Ausrüstung, Schwierigkeitsgrad, Länge, Gehzeit usw.) zu Beginn einer jeden Tour. Gehen Sie mit **Umsicht** auf Erkundungstour, und nehmen Sie dabei Rücksicht auf die Schönheit der Landschaft.

Umschlagfoto: Blick über den Barranco del Tomadero (Wanderung 19, Autotour 4) auf den Doppelgipfel Los Hermanos (Foto: Andreas Stieglitz)
Titelbild: Statue in La Candelaria, die einen Guanchenkönig darstellt (Autotour 5)
Fotos: vom Autor, mit Ausnahme der Fotos auf den Seiten 17, 18, 21, 23, 25, 26, 28, 30-31, 50, 51, 59, 66-67, 79, 92, 100, 104, 110 (Andreas Stieglitz) und den Seiten 62, 68-69, 72 (John Underwood)
Karten: John Theasby und Pat Underwood
Zeichnungen: Sharon Rochford
Druck und Einband in England von Brightsea Press, Exeter

10 9 8 7 6 5 4 3 2 1

 Inhalt

Vorwort	5
Danksagung; Nützliche Bücher	6
Verkehr	7
Stadtpläne von Puerto de la Cruz und Santa Cruz mit Ausfallstraßen und Busbahnhöfen	8
Picknickausflüge	10
Picknickvorschläge	11
Autotouren	17

DAS OROTAVA-TAL UND DIE CAÑADAS (TOUR 1) — 19
Puerto de la Cruz • La Orotava • Las Cañadas • Los Gigantes • Guía de Isora • Adeje • Playa de las Américas • Playa de los Cristianos • Vilaflor • Las Cañadas • Puerto de la Cruz

DAS WILDE ANAGA-GEBIRGE (TOUR 2) — 22
Puerto de la Cruz • Pico del Inglés • Roque Negro • El Bailadero • Las Bodegas • (Chamorga) • Taganana • Almáciga • Benijo • San Andrés • Igueste • Puerto de la Cruz

DER GROSSARTIGE NORDWESTEN (TOUR 3) — 24
Puerto de la Cruz • San Juán de la Rambla • Icod de los Vinos • Garachico • Punta de Teno • Santiago del Teide • La Montañeta • Icod el Alto • Puerto de la Cruz

VERSTECKTE WINKEL IM ANAGA-GEBIRGE (TOUR 4) — 27
Puerto de la Cruz • Tacoronte • Mesa del Mar • Bajamar • Punta del Hidalgo • Las Carboneras • Taborno • Pico del Inglés • La Laguna • Puerto de la Cruz

DER SONNENDURCHGLÜHTE SÜDEN (TOUR 5) — 29
Puerto de la Cruz • El Portillo • Güimar • Arico • La Candelaria • Puerto de la Cruz

Wandern	31
Wanderführer, Wegmarkierungen, Karten	32
Hunde und andere Störenfriede	32
Ausrüstung	33
Vorsichtsmaßnahmen für Wanderer	34
Unterkunft	34
Klima und Wetter	35
Spanisch für Wanderer	36
Hinweise zum Natur- und Landschaftsschutz	37
Vorbereitung der Wanderungen	38

4 Landschaften auf Teneriffa

DAS OROTAVA-TAL UND DIE CAÑADAS

1 Aguamansa • Benijos • C821 — 39
2 Aguamansa • La Caldera • Choza Chimoche • Pedro Gil • Aguamansa — 41
3 Aguamansa • Pinoleris • La Florida — 43
4 La Caldera • Choza El Topo • Choza Almadi • Pino Alto • La Florida — 44
5 La Caldera • Pedro Gil • Choza El Topo • Aguamansa — 48
6 Der Candelaria-Weg: La Caldera • La Crucita • Arafo — 54
7 El Portillo • Corral del Niño • Choza Chimoche • La Caldera — 58
8 Las Cañadas — 62
9 El Teide — 65
10 Roques de García • Cuevas de los Roques • Roques de García — 69
11 Montaña de Guajara — 72
12 El Portillo • Piedra de los Pastores • Galería Almagre y Cabezón • Chanajiga • Palo Blanco — 74
13 Icod el Alto • La Corona • Chanajiga • Palo Blanco — 78

DER NORDWESTEN

14 Icod el Alto • El Lagar • La Guancha — 81
15 Campamento Barranco de la Arena • Canal Vergara • El Lagar • La Vega — 86
16 La Montañeta • Las Arenas Negras • Los Partidos de Tranquis • C820 — 90
17 Erjos • Portela Alta • El Palmar — 93
18 La Montañeta • Teno Alto • Teno Bajo • (Faro de Teno) • Buenavista — 96

DAS ANAGA-GEBIRGE

19 Punta del Hidalgo • Chinamada • Las Carboneras — 100
20 Las Carboneras • Taborno • Roque de Taborno • Casa Negrín — 103
21 Casa Negrín • Afur • Playa del Tamadite • Afur • Roque Negro — 106
22 Pico del Inglés • Barranco de Tahodio • Santa Cruz — 110
23 Taganana • Afur • Taborno • Las Carboneras — 112
24 El Bailadero • Chinobre • Cabezo del Tejo • El Draguillo • Almáciga — 116
25 El Bailadero • Chinobre • Barranco de Ujana • Las Casillas • Igueste — 118
26 Chamorga • Roque Bermejo • Faro de Anaga • Tafada • Chamorga — 121
27 Igueste • Montaña de Atalaya • Barranco de Zapata • Playa de Antequera • Igueste — 124

Busfahrpläne — 128
Ortsregister — 133
Ausfaltbare Inselkarte — *zwischen den Seiten 16 und 17*
Zeichnungen der Inselflora — 2, 5, 6, 7, 45, 48, 91, 116, 125-127

Vorwort

Teneriffa bietet etwas für jeden Geschmack — Landsträßchen zum Spazierengehen, Waldwege zum Wandern, Berge zum Ersteigen und Strände zum Sonnenbaden. Man braucht Zeit, um die Schönheit Teneriffas zu erfassen und schätzen zu lernen. Die ländlichen Regionen vermitteln den wahren Charakter der Insel; im Lichte der auf- und untergehenden Sonne ergeben sich einzigartige Stimmungen. Im öden Süden sind terrassierte Trockenhänge von tiefen Schluchten durchschnitten. Auf der üppiggrünen Nordseite der Insel erstrecken sich in höheren Lagen bewaldete Berghänge, die über fruchtbares, terrassiertes Ackerland zum azurblauen Meer hinabreichen. Die Cañadas, Höhepunkt einer jeden Teneriffa-Reise, bildet das geologische Rückgrat der Insel. Über kiefernbestandene Berghänge gelangt man in diese eigenartige Landschaft hinauf. Der majestätische Teide überragt diese vielfarbige Vulkanlandschaft mit ihren bizarren Felsformationen.

Je nach Jahreszeit zeigt sich Teneriffa durch den Wechsel der Blütenpracht in neuem Kleid. Im Frühling sieht die Insel wie ein bunter Farbenteppich aus. Dies ist die beste Zeit, um Teneriffa zu erkunden. Die Vielfalt an Wildpflanzen und Blumen verwandelt die Insel in ein Dorado für Pflanzenliebhaber. Zu jeder Jahreszeit blühen jedoch irgendwelche Pflanzen.

Man muß nicht unbedingt wandern, um die Schönheit Teneriffas kennenzulernen. Auch die Autotouren vermitteln einen Eindruck der Landschaft. Die Spaziergänge zu den Picknickplätzen werden hoffentlich dazu verlocken, die Insel zu Fuß zu erkunden. Einige leichte Kurzwanderungen bilden unvergeßliche Tagesausflüge. Abseits der Hauptstraßen läßt sich das wahre Teneriffa entdecken.

Wanderer verlieben sich in Teneriffa auf den ersten Blick. Bizarre Felsgipfel, tiefe und schattige Schluchten, schier undurchdringliche Lorbeerwälder, duftende Kiefernforste und terrassierte, zum Meer hin abfallende Berghänge tragen zum Reiz der Landschaft bei.

Auf dem Lande erfährt man die Wärme und Herzlichkeit der Einwohner. Hier hat man noch Zeit. Ein freundliches Lächeln löst alle Verständigungsschwierigkeiten, und ehe man sich versieht, ist man mit einer Handvoll Obst unterwegs. Dies sind Erinnerungen, die man nicht vergißt.

Margarita del Teide
(Argytanthemum anethifolium)

6 Landschaften auf Teneriffa

Cardón (Euphorbia canariensis)

Des Autors Liebe für Teneriffa führte ihn vor Jahren in das tiefste Innere der Insel. Seine anfänglichen Spaziergänge wurden bald zu längeren Streifzügen, und diese wurden später zu ausgedehnten Wanderungen. Der Autor wurde so zum begeisterten Wanderer. Ihm fiel jedoch auf, daß sich nur die wenigsten Wanderer über das Orotava-Tal hinauswagten. Aus diesem Anlaß entstand die erste Auflage des vorliegenden Buches. Es möchte dazu ermuntern, die üblichen Wege zu verlassen, um das wahre Teneriffa zu sehen und zu erleben. Es gibt zahlreiche faszinierende Landschaften, die nur darauf warten, erkundet zu werden. »*Landschaften auf Teneriffa*« möchte dabei behilflich sein.

Danksagung

Ich möchte folgenden Personen für ihre unschätzbare Hilfe danken:

Isidoro Sánchez García (ICONA) für Auskunft und Karten; F. Opelio Rodriguez Peña von der Delegación del Ministerio de Comercio y Turismo für Auskunft und Broschüren; den Kommunalverwaltungen (Cabildo) und dem öffentlichen Bauamt in Santa Cruz für Karten; dem Servicio Geográfico del Ejercito in Madrid für die Erlaubnis, die großmaßstäblichen Karten als Grundlage benutzen zu dürfen.

Dem Grupo Montañero de Tenerife für Auskunft, Führung und ständige Ermutigung (besonders Edmundo Herrero Rello und Rafael Valencia).

Luís Rodriguez Rivero für seine Hilfe und Auskunft.

Meiner Verlegerin Pat Underwood für ihre Unterstützung.

Meiner Schwester Sharon für ihre reizenden Zeichnungen.

Meinen Eltern und Freunden, die mich alle stets unterstützten.

Schließlich ein ganz besonderes Dankeschön an zwei wunderbare Menschen, denen ich für so vieles verbunden bin: Edmundo Herrero Rello vom Grupo Montañero de Tenerife für all die Stunden, die er damit verbrachte, mich in die Geheimnisse der Insel einzuweihen, und meiner Freundin Ramona fürs Maschinenschreiben, Korrekturlesen, Überprüfen der Wanderungen und ganz einfach dafür, daß es mit der Fertigstellung des Buches weiterging.

Nützliche Bücher

Bramwell, D. & Bramwell, Z.: *Flores Silvestres de las Islas Canarias*, Editorial Rueda, Madrid

Cano, D. M.: *Tenerife*, León, Editorial Everest (auf der Insel erhältlich)

Cuscoy, L. D. & Larsen, P. C.: *The Book of Tenerife*, Santa Cruz de Tenerife, Instituto de Estudios Canarios (auf der Insel erhältlich)

Schmidt, Hermann: *Pflanzen auf Teneriffa*, Basiliken-Presse, Marburg

Außerdem lieferbar: Rochford, Noel: *Landschaften auf Gomera und Südteneriffa, Landschaften auf Gran Canaria, Landschaften auf La Palma und El Hierro, Landschaften auf Fuerteventura, Landschaften auf Lanzarote* (Sunflower Books, London)

Verkehr

Zweifellos kommt man mit einem **Mietwagen** am bequemsten herum. Auf Teneriffa ist das auch recht preiswert.

Wer ungebunden sein will, kann sich auch ein **Taxi** mieten. Es lohnt sich vor allem dann, wenn man sich zu dritt oder viert die Kosten teilt. Für Fahrten, die nicht über den Taxameter abgerechnet werden, ist es ratsam, *vor Fahrtantritt* einen Preis zu vereinbaren; alle Taxifahrer müssen über eine offizielle Tarifliste verfügen.

Organisierte Busrundfahrten sind auf vielen Urlaubsinseln sehr beliebt. Man kann ein Gebiet bequem kennenlernen, ehe man sich selbst ins Abenteuer stürzt.

Der Autor benutzt am liebsten die **örtlichen Linienbusse**; sie sind preiswert, zuverlässig, und das Busfahren macht Spaß. Hoch oben aus dem Busfenster genießt man während der kurvenreichen Fahrten durch die Insel herrliche Ausblicke. Die Stadtpläne auf den beiden folgenden Seiten zeigen die Lage der Busbahnhöfe in Puerto und Santa Cruz. Auf den Seiten 128-132 finden sich die Fahrpläne aller Buslinien, die für die beschriebenen Picknickausflüge und Wanderungen erforderlich sind. Man sollte sich jedoch nicht *ausschließlich* auf die hier abgedruckten Fahrpläne verlassen, denn es kommt häufig zu Fahrplanänderungen. Nach der Ankunft auf Teneriffa sollte man sich einen aktuellen Busfahrplan vom nächstgelegenen Busbahnhof besorgen. Die aktuellsten und umfassendsten Fahrpläne sind am Busbahnhof in Santa Cruz erhältlich.

Taginaste rojo (Echium wildpretii)

Bei größeren Ausflügen sollte man die Busabfahrtszeiten *vor* Fahrtantritt überprüfen. Sicherheitshalber sollte man sich stets etwas *früher* als zur angegebenen Abfahrtszeit an der Haltestelle einfinden. Die meisten Buslinien werden von der Busgesellschaft TITSA betrieben. (Auf ihren Strecken kann man die preiswerte, mehrfach verwendbare Bono-Magnetkarte benutzen.) Einige Buslinien ins Anaga-Gebirge werden von der Busgesellschaft TRANSMERSA betrieben; Ausgangspunkt ist der neue Busbahnhof am Ortsrand von La Laguna (nahe der Autobahn). Hier halten auch die TITSA-Busse (einschließlich der Direktlinie von Puerto nach Santa Cruz), so daß man gut umsteigen kann.

8
PUERTO DE LA CRUZ

1. Tourist-Information
2. Rathaus (Ayuntamiento)
3. Casa Iriarte
4. Postamt
5. Kirche Nuestra Señora de la Peña
6. Castillo de San Felipe
7. geplantes öffentliches Freizeitgelände
8. Casino Taoro
9. Stierkampfarena
10. Busbahnhof
11. zum Botanischen Garten
12. Fischerhafen

Ausfallstraßen

Ausfahrt A (Carretera del Norte) führt zur C820 und nach La Orotava

Ausfahrt B (Avenida de Colón) führt zur Autobahn nach La Laguna und Santa Cruz

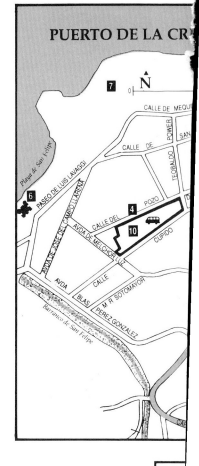

SANTA CRUZ

1. Plaza de España
2. Cabildo (örtliche Inselverwaltung), Tourist-Information, Archäologisches Museum
3. Kirche San Francisco, städtisches Kunstmuseum
4. Postamt
5. Plaza de Weyler
6. Markt
7. Busbahnhof
8. Plaza del Príncipe
9. Plaza de la Candelaria

Ausfallstraßen

Ausfahrt A (Avenida 3 de Mayo) führt zur Autobahn (nach Norden/Süden)

Ausfahrt B (Avenida Anaga) führt nach San Andrés und über Bailadero ins nördliche Anaga-Gebirge

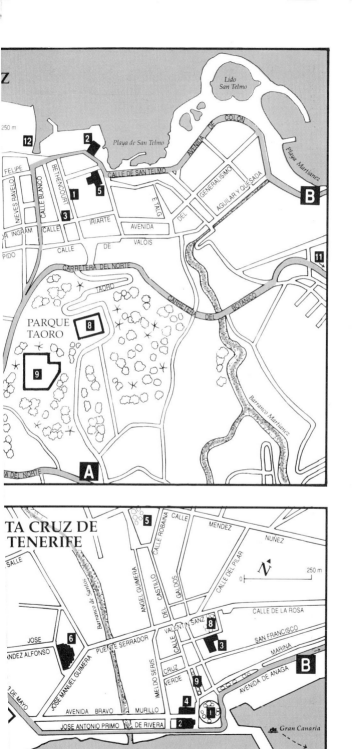

Picknickausflüge

Auf Teneriffa kümmert man sich vorbildlich um die Einrichtung und die Pflege von Picknickplätzen. Die spanische Naturschutzbehörde ICONA hat zusammen mit der Inselverwaltung mehrere sehr gut ausgestattete Naherholungsgebiete geschaffen. In diesen *Zonas recreativas* (die an Wochenenden und Feiertagen meist etwas überlaufen sind) gibt es Tische und Bänke, Grillstellen, Toiletten, Trinkwasserbrunnen und Kinderspielplätze. Außerdem stehen verstreut in einigen der schönsten Gegenden Teneriffas rustikale Schutzhütten mit Tischen und Bänken. Vieler dieser *Chozas* finden sich in der Nähe der C821, die in die Cañadas führt, sowie an den Hängen des Orotava-Tals.

Auf Picknickplätze **mit Tischen** (sowie manchmal auch weiteren Anlagen) **am Straßenrand** wird in den Autotouren und auf den Karten mit dem Symbol ⨅ hingewiesen. Auf den folgenden Seiten werden diese Picknickplätze — neben weiteren Vorschlägen für ein Picknick abseits der Menschenmassen — kurz beschrieben.

Es finden sich alle Angaben, wie man zu den vorgeschlagenen Picknickplätzen hinkommt. *Picknicknummern entsprechen den Nummern der Wanderungen*, so daß man mit einem Blick auf die Inselkarte rasch die allgemeine Lage auf Teneriffa ausfindig machen kann (die Wandergebiete sind weiß umrahmt). Es werden Angaben zu Anfahrt (🚌 = Busnummer, 🚗 = Parkplatz), Gehzeit, Aussicht und Umgebung gemacht. Neben dem Titel des Picknicks findet sich ein Kartenhinweis; die genaue Lage des Picknickplatzes ist auf der *Wanderkarte* mit dem Symbol ***P*** gekennzeichnet.

Man lese die Beschreibung, *ehe* man sich auf den Weg macht: falls man ein Stück gehen muß, sollte man angemessenes Schuhwerk tragen und einen **Sonnenhut** mitnehmen (O bedeutet Picknickplatz **in praller Sonne**). Eine Plastikplane empfiehlt sich, falls der Boden feucht oder stachelig ist.

Falls man mit dem Bus zum Picknickplatz anfährt, sollte man sich vorab einen aktuellen Busfahrplan besorgen (s.S. 7).

Falls man mit dem Auto anfährt, ist abseits der Hauptstraßen besondere Achtsamkeit geboten: häufig spielen Kinder auf den Dorfstraßen, und Tiere laufen über die Fahrbahn. Man sollte stets *abseits* der Straße parken und darauf achten, **niemals** Straßen und Wege zu blockieren. **Alle Ausflügler sollten die Hinweise zum Natur- und Landschaftsschutz auf Seite 37 lesen und sich auf dem Lande ruhig verhalten.**

Picknickvorschläge

2 CHOZA CHIMOCHE (Karte Seite 52-53; Zeichnung Seite 41)

Mit dem Auto, Taxi oder Bus: 45Min Fußweg
🚐 entweder am Bermeja-Picknickplatz oder an der Choza Chimoche-Abzweigung (am Anfang des Weges) parken. Beide Parkplätze liegen an der C821, etwa 4 km südlich von Aguamansa (siehe Karte Seite 52-53). Autotour 1.
🚌 348: an der »Choza Bermeja« aussteigen.
Unmittelbar südlich der Choza Bermeja dem Forstweg nach Osten folgen. Nach einem gemächlichen, 45-minütigen Aufstieg erreicht man die Choza Chimoche. Ein paar Minuten von hier entfernt, am Beginn des ausgetrockneten Barranco de Pedro Gil, liegt ein weiterer Picknickplatz. Schatten. Das untere Foto auf Seite 60 zeigt eine benachbarte Gegend.

4 CHOZA EL TOPO (Karte Seite 52-53)

Mit dem Auto, Taxi oder Bus: 1Std Fußweg
🚐 Parkpatz La Caldera (C821). Autotour 1
🚌 345 zur Haltestelle La Caldera
Kurzwanderung 4 (Seite 44) folgen; kein Aufstieg. Ausblicke über das Tal von Aguamansa. Schatten. Unterwegs kommt man durch die auf den Seiten 58 und 60 abgebildete Gegend.

5a LA CALDERA (Karte Seite 52-53)🍴

Mit dem Auto, Taxi oder Bus: max. 5Min Fußweg
🚐 Parkplatz La Caldera (C821). Autotour 1
🚌 345 zur Haltestelle La Caldera
Eine *Zona recreativa* mit allen Einrichtungen (s.S. 10). Ausblicke über das Orotava-Tal (ähnlich denen auf Seite 21).

5b CHOZA PEREZ VENTOSO (Karte Seite 52-53)

Mit dem Auto, Taxi oder Bus: 30Min Fußweg
🚐 Parkpatz an der Forellenzucht oder an der Bar/Gaststätte direkt nördlich der Forellenzucht (C821, unmittelbar südlich von Aguamansa). Autotour 1.
🚌 345 nach Aguamansa
Auf der C821 hinuntergehen; 100 m unterhalb der Bar/Gaststätte kommt man am Buswartehäuschen vorbei. Hier geht man nach Aguamansa hinab (ausgeschildert). Nach einigen Minuten Abstieg nimmt man die erste Rechtsabzweigung (nach »Mamio, Pinoleris, La Florida«). Man folgt diesem Asphaltsträßchen (Foto Seite 51 unten) etwa 15 Minuten und hält sich dann an einer Verzweigung links. Innerhalb weniger Minuten kommt man an einem Heiligenschrein vorbei und biegt hier rechts auf einen Feldweg, der zur Schutzhütte führt. Kein Anstieg. Schatten.

6 LA CRUCITA (Karte Seite 52-53/56-57, Foto Seite 54-55) ○

Mit dem Auto oder Taxi: 5-30Min Fußweg
Mit dem Bus: nicht gut erreichbar
🚐 auf dem Forstweg bei La Crucita parken, 13 km östlich von El Portillo an der C824 (ausgeschildert). Autotour 5.
Man kann am Wegesrand oder in der Umgebung der C824 picknicken. In Falls man eine westliche Richtung einschlägt,

12 Landschaften auf Teneriffa

bieten sich Ausblicke auf das Orotava-Tal und den Teide, während man nach Osten die Montaña de las Arenas erblickt (Foto Seite 54-55). *Hinweis: Die Abstiege sind steil und rutschig; kein Schatten.*

7a CHOZA MONTAÑA ALTA (Karte Seite 60-61)

Mit dem Auto oder Taxi: max. 5Min Fußweg
Mit dem Bus: 15-20Min Fußweg
🚗 an der Montaña Alta. Autotouren 1, 5.
🚌 348 nach El Portillo

Von El Portillo folgt man der C824 nach Osten; nach 1 km ist die Schutzhütte auf der Nordseite der Straße zu sehen. Ausblicke auf den Teide. Schatten an der Schutzhütte.

7b-g STRASSE IN DIE CAÑADAS (Inselkarte) 🏕

Zwischen Aguamansa und El Portillo (an der C821, der Straße in die Cañadas hinauf) stehen sechs ICONA-Schutzhütten, die allesamt mit einem »P« ausgeschildert sind. Schatten.

Margarita de Piedra

7b Choza Bermeja: nördliche Straßenseite; Schutzhütte, Tische und Bänke
7c Choza Margarita de Piedra: nördliche Straßenseite, nahe der berühmten, hier abgebildeten »Steinblume«; Schutzhütte
7d Choza Wildpret: südliche Straßenseite; Schutzhütte, Tische und Bänke
7e Choza Leoncio Rodriguez: nördliche Straßenseite; Schutzhütte
7f Choza Bethencourt: nördliche Straßenseite; Hütte
7g Choza Sventenius: nördliche Straßenseite, Schutzhütte

10 LOS ROQUES DE GARCIA (Karte S. 70-71, Fotos S. 68-69, 72) ○

Mit dem Auto, Taxi oder Bus: 5-20Min Fußweg
🚗 Parkplatz an den Roques de García (westliche Seite der C821, in der Nähe des Parador). Autotour 1.
🚌 348 zum Parador de las Cañadas

Wanderung 10 ein kurzes Stück folgen oder einfach umherschlendern, bis man einen bequemen Felsen findet. Herrliche Ausblicke auf den Teide, die Guajara und die bizarren Felsformationen; Schatten gibt es jedoch nur im Schutze des Felsen.

11 PIEDRAS AMARILLAS (Karte S. 70-71, Fotos S. 17, 63, 72) ○

Mit dem Auto, Taxi oder Bus: 15-20Min Fußweg
🚗 am Parador. Siehe Autotour 1
🚌 348 zum Parador de las Cañadas

Wanderung 11 (Seite 72) zu den »Gelben Steinen« folgen. Kein Schatten.

12a CHANAJIGA (Karte Seite 77) 🏕

Mit dem Auto oder Taxi: max. 5Min Fußweg
Mit dem Bus: nicht gut erreichbar

Picknickvorschläge 13

🚗 Parkplatz Chanajiga: man fährt von La Orotava auf der C821 in südlicher Richtung und biegt rechts auf die TF2125 ab (Richtung Benijos und Palo Blanco). Die Abzweigung nach Chanajiga kommt in Las Llanadas (beschildert). Nahe Autotour 1
Komplett ausgestattete *Zona recreativa* (s.S. 10).

12b CAÑADA DE LOS GUANCHEROS (Karte S. 77, Fotos S. 59, 75) ○

Mit dem Auto, Taxi oder Bus: 15-55Min Fußweg
🚗 Parkplatz am Cañadas-Besucherzentrum (an der C821 nahe El Portillo). Autotouren 1, 5
🚌 348 nach El Portillo

Wanderung 12 (Seite 74) 15 Minuten folgen, um in der auf Seite 75 abgebildeten Umgebung zu picknicken. Man kann auch zur Cañada weiterwandern (55 Minuten), wo sich der auf Seite 59 abgebildete Ausblick bietet. Kein Schatten.

13 LA CORONA (Karte Seite 80, Foto Seite 79)

Mit dem Auto oder Taxi: 5Min Fußweg   Mit dem Bus: 1Std Fußweg
🚗 am Mirador/Restaurant La Corona parken: von Icod el Alto fährt man auf der TF221 westwärts Richtung La Guancha. Etwa fünf Minuten westlich von Icod die erste asphaltierte Linksabzweigung nehmen. Nahe Autotour 3.
🚌 354 nach Icod el Alto; dann Wanderung 13 (Seite 78) folgen — ein sehr steiler Aufstieg über 250 Höhenmeter.

Ausblick über das gesamte Orotava-Tal bis hinüber auf die östliche Steilwand. Bäume.

14 EL LAGAR (Karte Seite 82-83) 🍴

Mit dem Auto oder Taxi: max. 5Min Fußweg
Mit dem Bus: nicht gut erreichbar
🚗 bei El Lagar: auf der TF2225 westwärts nach La Guancha fahren. In der Ortschaft unmittelbar hinter der Tankstelle die erste Linksabzweigung nehmen. Ab hier ist der weitere Weg nach El Lagar beschildert. Falls man sich La Guancha von Westen nähert, nimmt man die Rechtsabzweigung unmittelbar vor der Tankstelle. Autotour 3.

Große *Zona recreativa* (s.S. 10) im schattigen Kiefernwald. Benachbarte Gegenden sind auf den Seiten 84 und 89 zu sehen.

16 LAS ARENAS NEGRAS (Karte Seite 90-91, Foto Seite 92) 🍴

Mit dem Auto, Taxi oder Bus: 1Std Fußweg
🚗 Parkplatz in La Montañeta. Die TF2225 führt die Hänge oberhalb von Icod de los Vinos hinauf; die Straße nach La Montañeta liegt südlich von Icod, etwa auf halbem Wege. Unmittelbar oberhalb von La Montañeta steht ein Forsthaus. Die Einheimischen fahren auf dem holprigen Weg bis zum Picknickgelände hinauf. Mit einem Mietwagen ist dies nicht zu empfehlen, da man meist nicht gegen Reifenschäden versichert ist. Autotour 3.
🚌 363 nach Icod de los Vinos; umsteigen in den 🚌 360 von Icod nach La Montañeta

Wanderung 16 (Seite 90) nach Las Arenas Negras folgen (steiler Aufstieg über 250 Höhenmeter). Kiefern bieten Schatten; alle Einrichtungen einer *Zona recreativa* (s.S. 10). Am Wochenende sehr lebhaft; wer Einsamkeit sucht, kann hinter dem Picknickgelände 10-20 Minuten weiter bergaufgehen.

14 Landschaften auf Teneriffa

17 NAHE ERJOS (Karte Seiten 94-95) ○

Mit dem Auto, Taxi oder Bus: 10-55Min Fußweg

🚗 in Erjos parken (C820, zwischen El Tanque und Santiago). Autotour 3.

🚌 363 nach Icod de los Vinos, weiter 🚌 460 nach Erjos

Wanderung 17 (S. 93) folgen, soweit man mag. Bald bieten sich Ausblicke auf den Teide; man kann am Wegesrand picknicken. Gemächlicher Anstieg zurück zum Ausgangspunkt.

18 PUNTA DEL FRAILE (Karte Seite 98-99) ○

Mit dem Auto oder Taxi: max. 5Min Fußweg
Mit dem Bus: 45-50Min Fußweg

🚗 an der Punta del Fraile parken. Autotour 3.

🚌 363 nach Icod de los Vinos, weiter 🚌 366 nach Buenavista

Zu Fuß oder mit dem Wagen folgt man der TF1429 von Buenavista in Richtung Teno-Leuchtturm, bis nach 3 km rechts der Mirador Punta del Fraile kommt. Kein Schatten, aber der Blick auf die zerklüftete Küste mit Buenavista ist atemberaubend.

19a PLAYA DE LOS TROCHES (Karte: Rückseite der Inselkarte) ○

Mit dem Auto, Taxi oder Bus: 10-15Min Fußweg

🚗 zum Wendekreisel am Ende der TF121 bei Punta del Hidalgo. Autotour 4.

🚌 105 nach Punta del Hidalgo

Wanderung 19 (Seite 100) zu diesem Kiesstrand folgen. Steiler Ab- und Aufstieg. Nur die Klippen spenden Schatten.

19b LAS ESCALERAS (Karte auf der Rückseite der Inselkarte)

Mit dem Auto, Taxi oder Bus: 35Min Fußweg

🚗 nach Las Carboneras: die Straße liegt 1 km östlich des Mirador Cruz del Carmén. Autotour 4.

🚌 1.705 nach Las Carboneras

Der *Variante* von Wanderung 19 (Seite 100) nach Las Escaleras folgen. Von diesem Aussichtspunkt überblickt man zwei Täler. Leichter Auf- und Abstieg über 100 Höhenmeter. In der Nähe Schatten.

19c LAS CARBONERAS (Karte auf der Rückseite der Inselkarte) ○

Mit dem Auto, Taxi oder Bus: 20-30Min Fußweg

🚗 nach Las Carboneras: die Straße liegt 1 km östlich des Mirador Cruz del Carmén. Autotour 4.

🚌 1.705 nach Las Carboneras

Von der Bushaltestelle (Parkplatz) der (gegenwärtig geschotterten) Straße Richtung Chinamada folgen. Nach 30 Minuten bietet sich der schönste Ausblick; rechterhand befindet sich ein alleinstehenden Bauernhaus. Kein Schatten.

Die Schneekapelle vor dem Hintergrund der Guajara (Picknick 10)

Picknickvorschläge 15

20 NAHE TABORNO (Karte: Rückseite der Inselkarte, Foto S. 102) ○

Mit dem Auto, Taxi oder Bus: 25-30Min Fußweg
🚐 nach Taborno: die Straße liegt 1 km östlich vom Mirador Cruz del Carmén. Autotour 4
🚌 1.705 nach Taborno
Wanderung 20 ab der 1Std10Min-Stelle (Taborno, Seite 104) folgen, bis man nach 25 Minuten den Aussichtspunkt erreicht. Kein Schatten.

21 NAHE DER CASA NEGRIN (Karte: Rückseite der Inselkarte, Fotos Seite 104, 113)

Mit dem Auto, Taxi oder Bus: 5-10Min Fußweg
🚐 am Restaurant Casa Negrín parken (1 km östlich der Cruz des Carmén der Straße Richtung Las Carboneras folgen und die erste Rechtsabzweigung nehmen). Autotour 4.
🚌 1.705; an der Casa Negrín aussteigen
Wanderung 21 (Seite 106) zum Häuschen folgen, das das Afur-Tal überblickt.

22 BARRANCO DE TAHODIO (Karte: Rückseite der Inselkarte)

Mit dem Auto oder Taxi: 20-25Min Fußweg
Mit dem Bus: 30-35Min Fußweg.
🚐 zum Mirador Pico del Inglés. Autotouren 2, 4.
🚌 1.705, 1.706, 1.708 oder 1.710 zur Abzweigung zum Pico del Inglés
Wanderung 22 (Seite 110) zum Aussichtspunkt auf den Barranco und Stausee folgen. Auch der Teide ist zu sehen. Der Fußweg ist auf S. 110 abgebildet. Ermüdender Aufstieg zurück.

23 NAHE TAGANANA (Karte: Rückseite der Inselkarte; Foto S. 114) ○

Mit dem Auto, Taxi oder Bus: 50Min Fußweg
🚐 nach Taganana. Autotour 2.
🚌 246 nach Taganana
Wanderung 23 (Seite 112) folgen, um hinter der Abzweigung nach Afur an passender Stelle zu picknicken. Es bieten sich Ausblicke auf das Tal und die Ortschaft. Kein Schatten. Auf- und Abstieg über 150 Höhenmeter.

24a ANAGA-FORSTPARK (Karte: Rückseite der Inselkarte) 🛆

Mit dem Auto oder Taxi: max. 5Min Fußweg
Mit dem Bus: nicht gut erreichbar
🚐 Forstpark an der TF1123 östlich El Bailadero. Autotour 2.
Lorbeerbäume spenden Schatten. Alle Einrichtungen einer *Zona recreativa* (s.S. 10). Eine benachbarte Gegend ist auf Seite 117 abgebildet.

24b CHINOBRE (Karte: Rückseite der Inselkarte)

Mit dem Auto oder Taxi: 35Min Fußweg
Mit dem Bus: nicht gut erreichbar
🚐 Forstpark an der TF1123 östlich El Bailadero. Autotour 2.
Wanderung 24 ab der 2Std-Stelle (dem Forstpark) zum Mirador Chinobre folgen, einem der besten Aussichtspunkte auf Teneriffa. Lorbeerbäume spenden Schatten. Eine benachbarte Gegend ist auf Seite 117 abgebildet.

16   Landschaften auf Teneriffa
24c PLAYA DE BENIJO (Karte: Rückseite der Inselkarte) ○

Mit dem Auto oder Taxi: 5-10Min Fußweg
Mit dem Bus: 20-25Min Fußweg

🚗 in Strandnähe parken, 4 km hinter Taganana an der TF1124. Autotour 2.
🚌 246; an der Abzweigung nach Almáciga aussteigen und ostwärts zum Strand gehen.

Schöne Küstenlandschaft. Schatten nur im Schutze der Klippen. Die benachbarte Küste bei Almáciga ist auf S. 18 abgebildet.

25a LAS CASILLAS (Karte: Rückseite der Inselkarte, Foto S. 118) ○

Mit dem Auto oder Taxi: 40Min Fußweg
Mit dem Bus: nicht gut erreichbar

🚗 abseits der TF1123 parken: etwa 10 km östlich von El Bailadero weist auf der rechten Straßenseite ein kleines gelbes Schild »Igueste« einen Pfad hinab. Diese Stelle kommt unmittelbar vor einer scharfen Straßenbiegung. Gleich hinter dem Schild (noch in der Straßenbiegung) kommt rechts ein Forstweg, wo man parken kann. Falls das Schild fehlt, lassen sich Weg und Pfad auffinden, indem man *sehr aufmerksam* die Strecke abfährt; siehe die großmaßstäbliche Wanderkarte auf der Rückseite der Inselkarte. Autotour 2.

Nachdem man geparkt hat, folgt man der Straße westwärts und hält nach einem Pfad Ausschau, der nach links hinabführt. Die Wegbeschreibung von Wanderung 25 ab der 3Std 40Min-Stelle aufnehmen, um Las Casillas zu erreichen. Ausblick auf Igueste. Der Abstieg und der rückwärtige Aufstieg sind für etwa 10 Minuten steil.

25b BARRANCO DE UJANA (Karte: Rückseite der Inselkarte)

Mit dem Auto oder Taxi: max. 10Min Fußweg
Mit dem Bus: nicht gut erreichbar

🚗 wie Picknick 25a oben. Autotour 2.

Nachdem man wie oben beschrieben geparkt hat, folgt man der Straße zwei Minuten westwärts und hält nach einem Pfad Ausschau, der rechts zwischen Äckern und Bäumen ansteigt. Es geht weiter zu einem Bach hinauf (im Hochsommer ausgetrocknet). Reichlich Schatten.

26 BLICK AUF CHAMORGA (Karte: Rückseite der Inselkarte) ○

Mit dem Auto oder Taxi: 15-20Min Fußweg
Mit dem Bus: nicht gut erreichbar

🚗 nach Chamorga: ein möglicher Abstecher von Las Bodegas (68km-Stelle auf Autotour 2, Seite 22-23).

Vom Dorfplatz hält man sich links, am Hang entlang, und erreicht eine Bar/einen Laden. Ab hier folgt man einem Pfad links hinter der Bar zur Anhöhe hinauf. Man überblickt die Ortschaft und ihre Schlucht. Kein Schatten. Kurzer, steiler Anstieg über etwa 100 Höhenmeter.

27 IGUESTE (Karte: Rückseite der Inselkarte, Foto Seite 120) ○

Mit dem Auto, Taxi oder Bus: 5-10Min Fußweg

🚗 Igueste, an der TF1121 gelegen. Autotour 2.   🚌 245 nach Igueste

Östlich der Brücke geht man zum felsigen Strand hinunter. Kein Schatten. Ausblicke auf die Küste. Angenehmes Plätzchen.

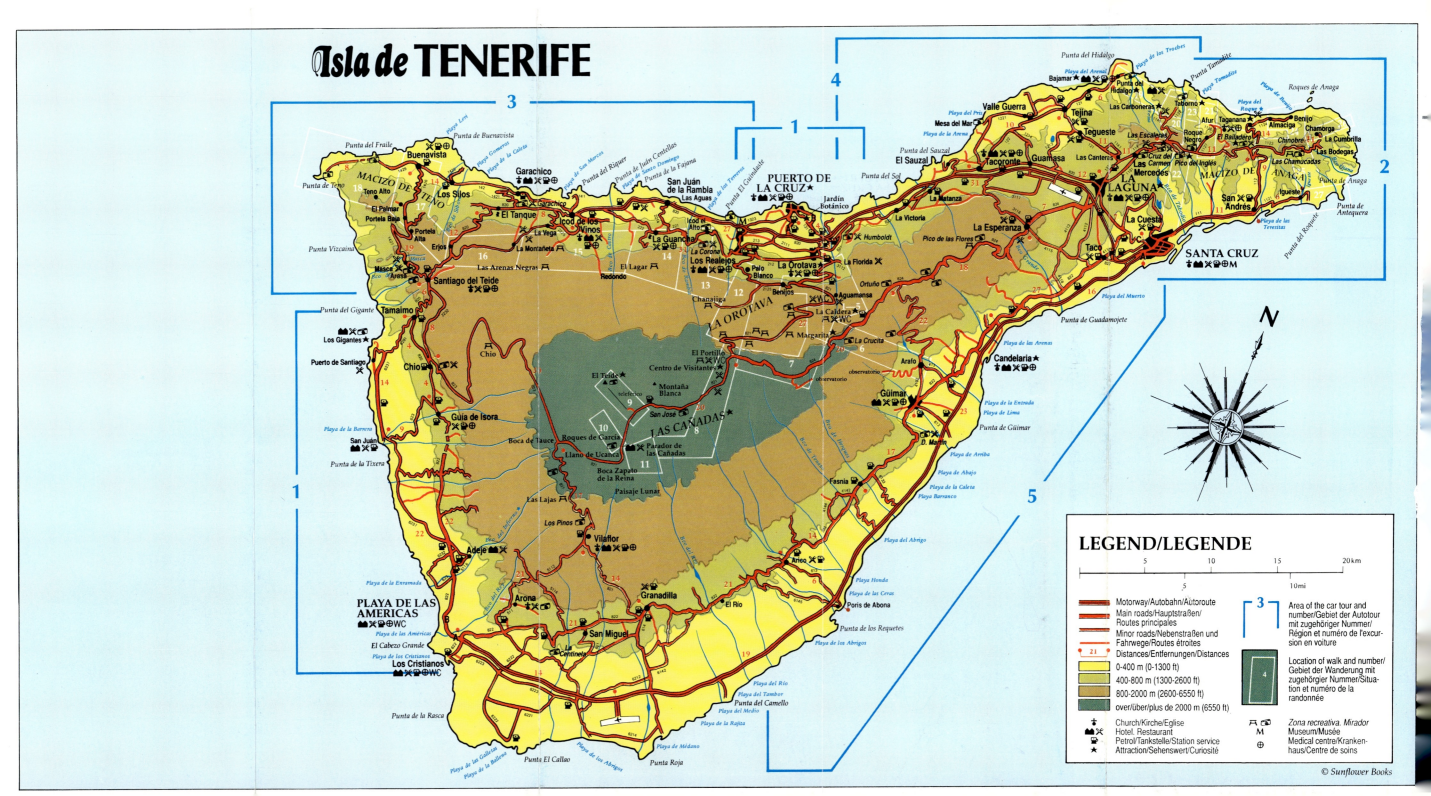

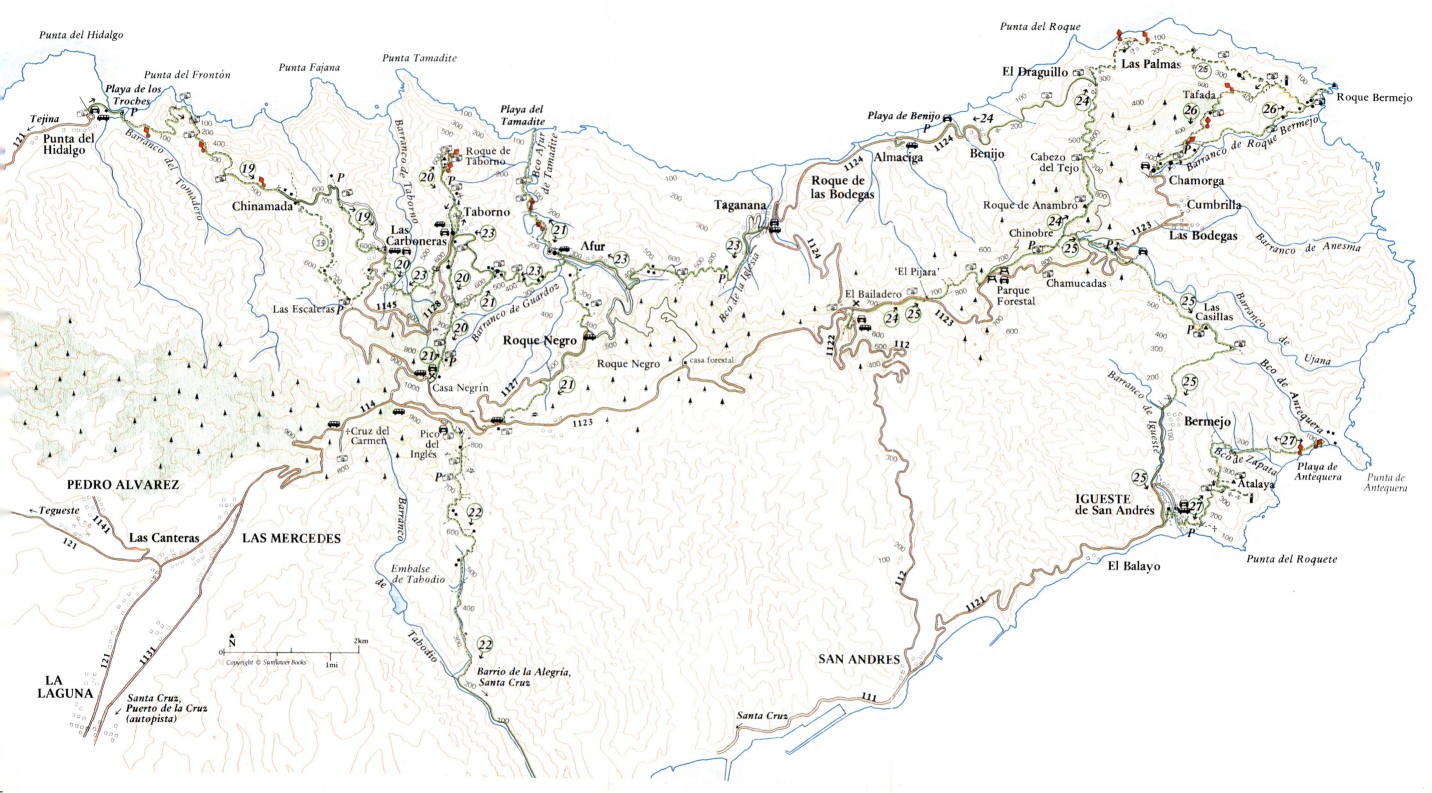

Autotouren

Leihwagen sind auf der Insel preiswert erhältlich. Man sollte jedoch die Angebote verschiedener Leihwagenfirmen vergleichen, da beträchtliche *Preisunterschiede* bestehen. Vor Fahrtantritt sollte man das Auto überprüfen. Die Vertragsbedingungen sowie die Straßenverkehrsordnung sollte man schriftlich auch auf *Englisch* ausgehändigt bekommen.

Die Autotouren sind ihrer Rangordnung nach numeriert. Falls man sich nur für einen Tag ein Auto nimmt,

Autotour 1: Ein kurzer Spaziergang führt zu den Piedras Amarillas (Picknick 11, Wanderung 8 und 11)

sollte man unbedingt Tour 1 unternehmen.

Die Tourenbeschreibungen sind knapp gehalten; sie enthalten nur wenige Informationen, wie sie in gängigen Reiseführern oder kostenlosen Broschüren der Fremdenverkehrsämter leicht zu finden sind. Aus demselben Grund sind auch die Sehenswürdigkeiten der Ortschaften nicht beschrieben. Im Vordergrund stehen vielmehr Fahrthinweise (Fahrzeiten, Entfernungen, Straßenzustand) sowie Sehenswürdigkeiten, die von vielen Touristen übersehen werden. Vor allem aber sollen **Wander-** und **Picknickmöglichkeiten** aufgezeigt werden (das Symbol **P** kennzeichnet einen Picknickplatz; s.S. 10-16). Nicht alle Picknickausflüge lassen sich mit einer langen Autotour verbinden, doch entdeckt man vielleicht eine Gegend, die man anderntags in Ruhe erkunden möchte.

Die große Inselkarte ist dazu gedacht, ausgeklappt neben die Tourenbeschreibung gehalten zu werden; sie enthält alle Informationen, die man außerhalb der Städte benötigt. Die Touren haben Puerto als Ausgangs- und Endpunkt, aber man kann sich ihnen leicht auch von anderen Urlaubszentren aus anschließen. Stadtpläne von Puerto und Santa Cruz (mit Ausfallstraßen) finden sich auf den Seiten 8 und 9.

Man nehme **warme Kleidung** und etwas **Verpflegung und Getränke** mit; insbesondere auf den Bergstraßen muß man mit Verzögerungen rechnen. **Genügend Zeit für Pausen einplanen:** die angegebenen Fahrzeiten schließen lediglich kurze Aufenthalte an den mit ⏿ gekennzeichneten Aussichtspunkten ein. In den meisten Ortschaften gibt es **Telefone**. WC bedeutet öffentliche Toilette.

Die kumulierten Entfernungsangaben sind **von Puerto aus** gerechnet. Im Text benutzte Symbole sind in der Legende auf der Inselkarte erläutert. **Alle Autofahrer sollten die Hinweise zum Natur- und Landschaftsschutz auf Seite 37 lesen und sich rücksichtsvoll durch die Landschaft bewegen.** *Buen viage!*

Almáciga thront oberhalb der Küste (Autotour 2, Wanderung 24, 26)

1 DAS OROTAVA-TAL UND DIE CAÑADAS

Puerto de la Cruz • La Orotava • Las Cañadas • Los Gigantes • Guía de Isora • Adeje • Playa de las Américas • Playa de los Cristianos • Vilaflor • Las Cañadas • Puerto de la Cruz

244 km; 7-8 Stunden Fahrzeit; Ausfahrt B von Puerto (Stadtplan Seite 8-9)

Am Wege: ⛺ La Caldera, Montaña Alta, Straße in die Cañadas, Chio, Las Lajas; Picknick (siehe *P*-Symbol sowie Seite 10-17) 2, 4, 5a, 5b, 7a-g, 10, 11, (12a), 12b; Wanderung 1-12

Dieser lange Ausflug macht einen sehr frühen Aufbruch erforderlich. Man lasse sich nicht von den dunklen Wolken über dem Norden der Insel abhalten, denn meist liegen der Süden und die Cañadas im Sonnenschein. Alle Straßen sind in gutem Zustand.

Fotos zu dieser Tour auf den Seiten 17, 21, 23, 51, 59, 60, 63, 64, 66-67, 68-69, 72, 75

Diese große Inselrundfahrt nimmt ihren gemächlichen Anfang im üppigen Orotava-Tal. Die Straße schlängelt sich zu den Kiefernwäldern empor, die die höhergelegenen Berghänge bedecken. Bald ändert sich die Landschaft unvermittelt, und wir durchqueren die weite, öde Ebene des Riesenkraters der Cañadas. Zerklüftete Schlackenfelder bedecken den Kraterboden; vereinzelt sieht man den robusten Teide-Ginster (Retama). Auf der Weiterfahrt nach Süden in Richtung Küste kehrt mit sanften jungvulkanischen Hügeln wieder etwas Ruhe in die Landschaft zurück. Malerische Dörfer an den rauhen südlichen Steilhängen vermitteln eher einen Eindruck schwermütiger, beinahe düsterer Schönheit.

Wir verlassen Puerto über die Autobahn (Avenida de Colón) und folgen der C821 durch **La Orotava★** (7 km ✝✗🅿⊕).* Die Straße (🅿) führt hinter der Abzweigung nach Benijos (zum *P*12a bei Chanajiga; ⛺) weiter bergauf. Hinter alten flechtenbedeckten Mauern verbergen sich sorgsam bestellte Ackerterrassen. Verstreut säumen betagte Kastanienbäume die Straße nach **Aguamansa** mit der **Forellenzucht** (20 km ✗wc*P*5b), wo die Wanderungen 1-3 beginnen und Wanderung 5 endet. Gleich danach biegen wir links nach **La Caldera★** (22 km ✗⛺wc*P*4,5a). Dieser kleine Krater, wo die Wanderungen 4-6 beginnen und Wanderung 7 endet, ist ein

---

*Da wir eine lange Fahrt vor uns haben und La Orotava so dicht an Puerto liegt, sollte man sich die Besichtigung des Ortes andertags vornehmen. La Orotava ist zu Fronleichnam (Mai/Juni) am sehenswertesten; die Straßen sind dann mit Blumen bedeckt, und am Hauptplatz werden faszinierend schöne Bilder mit religiösen Motiven aus dem bunten Sand der Cañadas hergestellt. Man gehe durch die Calle de San Francisco mit ihren beeindruckenden alten Herrenhäusern, lieblichen Innenhöfen und hölzernen Balkonen. Ebenfalls sehenswert sind die Hauptkirche La Concepción (18. Jh.), der Botanische Garten und die Kirche San Juán, von der aus sich ein hervorragender Ausblick auf das Orotava-Tal bietet.

hervorragender Aussichtspunkt. Der Blick reicht über die grünen Hänge des Orotava-Tals bis zum Meer hinunter. Danach geht es weiter bergauf (⊙), vorbei an der berühmten Margarita de Piedra★, einem Basaltblock, der an ein Gänseblümchen erinnert (s.S. 12). Am Straßenrand befinden sich mehrere Picknickplätze (⊼; *P*7b-g).

Bei **El Portillo** (39 km ✕⊼wc*P*7a, 12b) beginnen die Wanderungen 7, 8 und 12. Das nahegelegene **Cañadas-Besucherzentrum** begrüßt uns zum Eintritt in die Welt der **Cañadas**★. Die ständig wechselnden Farben und Felsformationen innerhalb der einrahmenden Kraterwände bilden den Höhepunkt dieser Tour und vielleicht sogar der gesamten Urlaubsreise. Zerklüftete Lavaströme wechseln mit sanftkonturierten Schlackekegeln; eingebettet im Kraterboden liegen Schwemmsandebenen. Stets ist der majestätische Teide unser Begleiter, während sich auf der südlichen Kraterwand die Montaña de Guajara erhebt.

Die gemächliche Fahrt durch diese wundersame Landschaft (🅿⊙) führt uns an der Abzweigung zur Montaña Blanca und dem Teide (Wanderung 9) vorbei zum **Parador de las Cañadas** (52 km ▲✕*P*11) sowie den **Roques de García** (*P*10). Diese bizarr geformte Felsgruppe, Ausgangs- und Endpunkt von Wanderung 10 und 11, erhebt sich über der weiten Ucanca-Ebene. Knapp 1 km weiter faszinieren eisenhaltige blaue Felspartien an der Straßenböschung (»Los Azulejos«), die unten von der Ebene aus noch eindrucksvoller aussehen.

Am Paß der **Boca de Tauce** (59 km) biegen wir rechts auf die C823 Richtung »Isora«. Auf einem Abschnitt von mehreren Kilometern führt die Straße durch dunkle Lavaströme. Vereinzelt sind wieder Kiefern in der Landschaft zu sehen, und sanftkonturierte Vulkankegel erinnern an die jüngsten Vulkanausbrüche. In dieser Umgebung liegt die hübsche *Zona recreativa* Chio (⊼). Dahinter hat man am Restaurant Las Estrellas (✕) einen guten Blick auf die Südwestküste.

Wir verlassen die C823 an einer Straßenverzweigung (89 km 🅿) und fahren auf der C820 nach rechts weiter in Richtung Santiago del Teide. Im reizenden Dorf **Tamaimo** (93 km 🅿), das geschützt unter einem hohen Felsvorsprung liegt, biegen wir links auf die TF6281. Die Straße windet sich nach Los Gigantes hinunter; Tomatenplantagen beherrschen das Landschaftsbild. An einer Straßenverzweigung (99 km) fahren wir rechts in Richtung Puerto de Santiago weiter. Der moderne Touristenkomplex **Los Gigantes** (101 km ▲✕⊙) liegt am Fuße steiler Klippen★, die sich senkrecht aus dem Meer erheben. Unser nächstes Ziel ist das winzige **Puerto de Santiago** (✕). Am Sandstrand von La Arena vorbei fahren wir dann über die TF6237 in das ruhige **San Juán** (113 km ▲✕🅿).

Von San Juán folgen wir der TF623 nach **Guía de Isora** (123 km ✕🅿⊕) hinauf. Diese kleine Landstadt liegt an kahlen

Die Küste unterhalb des Orotava-Tals (Autotour 1)

Felshängen. Wir können uns hier die Beine vertreten und durch die alten Gassen schlendern. Dann fahren wir die Straße durch das Ortszentrum hindurch, eine enge Gasse hinauf und zur C822, der wir nach rechts folgen.

Adeje (138 km ⛺✕) liegt abseits der Hauptstraße (🅿 an der Abzweigung). Der Ort liegt am Fuße felsiger Anhöhen; im Hintergrund erhebt sich ein Tafelberg. Die tiefe Schlucht des Barranco del Infierno★ verläuft am Rande der Ortschaft. Wir folgen der Allee aus Adeje heraus, um zur C822 zurückzukehren.

Nun haben wir zwischen schönen Sandstränden die Wahl. **Playa de las Américas** (147 km ⛺✕🅿⊕wc), ein lebhafter moderner Urlaubsort, wo alles etwas hektisch zugeht, ist nur eine Fahrminute von der C822 entfernt. **Playa de los Cristianos** (149 km ⛺✕🅿⊕wc) liegt 1,5 km abseits der Hauptstraße; es ist etwas kleiner und weniger lebhaft.

Von den Stränden geht es über Arona (alte C822 und TF511) wieder landeinwärts. **Arona** (158 km ✝✕📷) besitzt einen reizenden schattigen Kirchplatz, den alte Häuser mit Balkonen umgeben. Im Tiefland flimmern die Gewächshäuser in der Sonne. Weinbergsterrassen säumen die TF5112 nach **Vilaflor** (172 km ✝⛺✕🅿⊕), der mit 1161 m höchstgelegenen Ortschaft auf Teneriffa. Dieses Bergdorf breitet sich am Rande einer Ebene unterhalb steiler, aufgeforsteter Hänge aus, die vom Kraterrand der Cañadas abfallen.

Von Vilaflor fahren wir auf der C821 in die Cañadas zurück. Unterwegs durchqueren wir einige der schönsten Kiefernwälder der Insel. Der Mirador de los Pinos, 2 km hinter Vilaflor, ist von uralten stattlichen Kiefern umgeben (📷). Die Straße führt durch eine zerklüftete, wilde Berglandschaft (🅷 nach 178 km, *Zona recreativa* Las Lajas; 📷 nach 183 km).

An der Boca de Tauce (189 km) fahren wir wieder in den Krater hinein. Die bizarren Felsformationen sind eindrucksvoller, wenn man sich ihnen von Süden her nähert. Wir folgen der C821 nach rechts und kehren am späten Nachmittag nach Puerto zurück. Im sanften Licht der tiefstehenden Sonne verändert sich die Stimmung der Cañadas. Schatten fallen auf den Kraterboden, die Farbtöne werden weicher, und niedrige Wolken ziehen über die Kraterwände. Über den Hinweg kehren nach Puerto zurück (244 km).

2 DAS WILDE ANAGA-GEBIRGE

Puerto de la Cruz • Pico del Inglés • Roque Negro • El Bailadero • Las Bodegas • (Chamorga) • Taganana • Almáciga • Benijo • San Andrés • Igueste • Puerto

171 km; 5-6 Stunden Fahrzeit; Ausfahrt B von Puerto (Stadtplan Seite 8-9)

Am Wege: ⛺ Anaga-Forstpark; Picknick (siehe P-Symbol sowie Seite 10-17) 22-27; Wanderung 21-27

Auf dieser gebirgigen Halbinsel kommt man nur langsam voran, aber die Straßen sind schwach befahren. Man sollte vor Beginn der Fahrt auftanken, da es im Anaga-Gebirge auf der beschriebenen Route bis San Andrés keine Tankstellen gibt. **Hinweis:** *Hinter Las Mercedes orientiere man sich anhand der großmaßstäblichen Karte des Anaga-Gebirges (auf der Rückseite der Inselkarte).*

Fotos zu dieser Tour auf den Seiten 18, 104, 113, 114, 120

Dieser Ausflug führt uns mitten in das Bergland der Anaga-Halbinsel. Die Straße schlängelt sich auf dem Rückgrat des Gebirges entlang; unentwegt bieten sich vom Wegesrand herrliche Ausblicke. Verborgen inmitten des zerklüfteten Berglandes liegen winzige abgelegene Dörfer; an der Küste tauchen kleine versteckte Buchten auf.

Wir fahren auf der Autobahn (TF5, ⛽) in Richtung Santa Cruz bis zur Ausfahrt nach Guamasa. Ab Guamasa nehmen wir die TF820 nach La Laguna, dann folgen wir der Ausschilderung nach Las Mercedes (TF121, ⛽). Wir überqueren die dichtbesiedelte Ebene und kommen auf die TF114, die uns in den kühlen Lorbeerwald führt. Es geht am Mirador Cruz del Carmén (📷) und an der Abzweigung nach Las Carboneras vorbei (Autotour 4).

Der **Pico del Inglés★** ist unser erster Halt. Wir biegen rechts von der Straße zu diesem ausgezeichneten Aussichtspunkt ab (40 km 📷P22). Hier beginnt Wanderung 22. Dann fahren wir einen Kilometer zurück und biegen rechts auf die Hauptstraße (nunmehr TF1123). Auf den Bergrücken, die das isolierte Afur-Tal durchziehen, stehen vereinzelt Häuser. Nach 3 km biegen wir links nach **Roque Negro** (TF1127). Dieses kleine Dorf wird von einem riesigen schwarzer Basaltfels überragt (47 km 📷). Der Dorfplatz dient als hervorragender Aussichtspunkt: weit unten, im Schatten hoher Bergkämme, liegen Afur und die Playa del Tamadite. Durch diese Gegend führt Wanderung 21, die in Roque Negro endet. Wir kehren zur TF1123 zurück und folgen ihr nach links.

Dann (57 km) biegen wir links nach **El Bailadero★** (📷✕) ab, wo die Wanderungen 24 und 25 beginnen. Nach weiteren 5 km erreichen wir den schönen **Anaga-Forstpark** mit seiner *Zona recreativa* (⛺P24a, 24b) — ein besserer Ausgangspunkt für die Wanderungen 24 und 25, sofern wir einen Chauffeur finden. Dichter Lorbeerwald säumt die Straße. Am **Mirador de las Chamucadas** (63 km 📷) haben wir eine gute Sicht auf Igueste hinab. Diese hervorragend gelegene Ortschaft werden wir später besuchen.

Das wilde Anaga-Gebirge 23

In Serpentinen fahren wir über offenes felsiges Gelände (*P*25a und 25b) nach **Las Bodegas** (68 km) hinab, das geschützt in einem engen Barranco liegt. Oberhalb davon auf dem Bergrücken liegt La Cumbrilla, das mehr durch seine Lage beeindruckt. (Falls man sich nicht an einer holprigen Straße stört, kann man hier einen Abstecher (6 km hin und zurück) nach Chamorga (*P*26) machen, einem der schönsten Dörfer der Insel. Eine knappe Minute hinter Las Bodegas biegen wir nach rechts, fahren unter La Cumbrilla durch einen Tunnel hindurch und dann nach Chamorga hinab. Die weiße Häuseransammlung liegt im Schatten von Palmen und Japanischer Mispelbäume an den Hängen eines Barranco. Wanderung 26 (nur mit dem Auto zugänglich) beginnt und endet hier.

Die Haupttour führt von Las Bodegas zur *Links*abzweigung nach Taganana zurück. Nach 2 km bergab biegen wir wiederum nach links. Wir durchqueren einen Tunnel (unter dem Mirador El Bailadero) und überblicken auf der anderen Seite die Anbaugebiete von Taganana — eine Landschaft messerscharf wirkender Bergkämme, die zum Meer hinabreichen. **Taganana**★ (89 km ♠✕⊕*P*23), Ausgangspunkt von Wanderung 23, ist eine Ansammlung leuchtendweißer Häuser, ausgebreitet auf den tiefergelegenen Bergkämmen. Die Palmen in den Gärten machen diese Ansiedlung äußerst fotogen. Einen Kilometer hinter der Ortschaft dräut der Roque de las Animas (der »Geisterfels«) oberhalb der Straße. Die Bars am Straßenrand in **Playa del Roque**★ (91 km ✕) laden zur Rast. Hinter **Almáciga** kommt **Benijo** (*P*24c), wo die Asphaltierung endet. Der Weiler besteht lediglich aus ein paar Häuschen und einem Strand. (Von Benijo führt eine Schotterstraße zum abgelegenen El Draguillo; Variante Wanderung 24.)

Wir fahren durch den Tunnel wieder zurück und folgen der TF112 durch den Barranco de San Andrés zur Südküste hinab. In **San Andrés** (114 km ✕🍴) biegen wir links nach Igueste. Gleich hinter San Andrés machen Palmen auf **Las Teresitas** aufmerksam, den einzigen weißen Sandstrand auf Teneriffa. Während der Weiterfahrt nach **Igueste** (120 km *P*27) erhaschen wir kurze Blicke auf winzige Sandbuchten, die von der Straße aus kaum zu sehen sind. Igueste gehört zu den Lieblingsorten des Autors und ist Ausgangs- und Endpunkt von Wanderung 27. Ab hier folgen wir der TF1121, dann der TF111 nach Santa Cruz, von wo wir über die Autobahn (🍴) nach Puerto fahren (171 km).

*Autotour 1:
ein farbenprächtiges
Bild, wie es für das
Orotava-Tal
typisch ist*

3 DER GROSSARTIGE NORDWESTEN

Puerto de la Cruz • San Juán de la Rambla • Icod de los Vinos • Garachico • Punta de Teno • Santiago del Teide • La Montañeta • Icod el Alto • **Puerto de la Cruz**

145 km; 6-7 Stunden Fahrzeit, Ausfahrt A von Puerto (Stadtplan Seite 8-9)

Am Wege: ⌐ *El Lagar und Las Arenas Negras; Picknick (siehe P-Symbol sowie Seite 10-17) (13), 14, 16-18; Wanderung 13, 14, (15), 16-18*

Mit Ausnahme der C820 sind die Straßen eng und kurvenreich. Für manche Fahrer ist der Abschnitt zwischen Masca und Santiago schwindelerregend.

Fotos zu dieser Tour auf den Seiten 25, 26, 79, 92 und 93

Typisch für die Landschaft, die wir auf dieser Rundfahrt sehen, sind kleine malerische Dörfer auf grünen Abhängen, steilwandigen Talschluchten, atemberaubende Küsten sowie schroffe Berggipfel.

In Puerto fahren wir auf der C820 nach Westen. Diese Küstenstraße verläuft am Fuße dräuender Klippen, die sich linkerhand erheben, während zur Rechten das Meer anbrandet. **San Juán de la Rambla** (16 km) ist ein reizendes, leuchtendweißes Dorf mit Blick auf das Meer. Kurz vor San Juán erhaschen wir einen flüchtigen Blick auf den Nachbarort Las Aguas, der unten an der Felsküste liegt. Von Puerto bis zur Nordwestspitze der Insel umgeben uns Bananenplantagen, und am Straßenrand leuchten die Blumen.

Weiterhin auf der C820 fahren wir nach **Icod de los Vinos** (26 km ✝⛰✕🅿⊕). Umgeben von Weingärten, liegt es an den fruchtbaren Hängen im Schatten des Teide. Die Kirche San Marcos (16./17. Jh.) lohnt einen Besuch. Unterhalb des hübschen Kirchplatzes steht der berühmte Drachenbaum von Icod. Die nahegelegene Playa de San Marcos ist ein kleiner Sandstrand, den dunkle zerklüftete Steilhänge umgeben (ein Abstecher von 5 km hin und zurück).

Wir verlassen Icod auf der TF142; inmitten der Bananenplantagen stehen herrschaftliche Häuser. **Garachico**★ (32 km ✝⛰✕🅿⊕) ist ein wunderschön gelegener Ort, der früher einen wichtigen Hafen besaß. Anfang des 18. Jahrhunderts wurde Garachico jedoch durch einen Vulkanausbruch zerstört. Einige sehenswerte Gebäude sind erhalten: der Castello San Miguel (16. Jh.), der Barockpalast des Marqués de Adeje, das Kloster San Francisco (17. Jh.) sowie die Kirche Santa Ana (1548 gegründet). Garachico ist ansonsten für seine einladenden natürlichen Meeresschwimmbecken bekannt. Vor der Küste erhebt sich der Roque de Garachico; er trägt ein Kreuz, um die kleine Stadt vor weiteren Katastrophen zu beschützen.

Weiter westlich auf der TF142 (🅿) erblicken wir die Ortschaft **Buenavista** (40 km ✕🅿⊕) vor uns. Sie liegt auf der fruchtbaren Küstenebene, umgeben von zerklüfteten hohen Felsen. Wanderung 18 sowie die Variante von Wanderung 17

Der berühmte Drachenbaum in Icod de los Vinos (Autotour 3)

enden hier. Schluchten und Täler haben sich in dieses überwältigende Felsmassiv eingeschnitten. An der ersten Straßenverzweigung in Buenavista biegen wir nach rechts und unmittelbar darauf nach links, der Ausschilderung »Faro de Teno« folgend. Nach 3 km auf der TF1429 bietet sich von der **Punta del Fraile** (📷 *P*18) ein besonders schöner Ausblick; die Küste bricht in das azurblaue Meer ab. Die Straße schlängelt sich hoch über dem Meer am Fuße zerklüfteter Klippen entlang, bis sie zur dunklen vulkanischen Landspitze der **Punta de Teno** (48 km 📷) hinabführt, einem botanisch besonders wertvollen Gebiet. Von hier aus kehren wir nach Buenavista (56 km) zurück. An der Straßenverzweigung biegen wir rechts auf die TF1426 nach El Palmar.

Das Tal von El Palmar liegt versteckt oberhalb der Küstenebene. Ein steiler Anstieg durch felsiges Terrain, überwachsen mit Feigenkakteen, *Vinagrera* und wilden Geranien, führt an terrassierten Hängen vorbei bergauf. Wir passieren **El Palmar** (62 km), wo Wanderung 17 endet. Ein kurzes Stückchen weiter auf der Straße beginnt Wanderung 18. Alsbald bietet sich ein ausgezeichneter Blick auf das zauberhafte **Masca** (68 km ✕📷).

In **Santiago del Teide** (73 km ⛽✕🍽⊕) stoßen wir auf die C820, der wir nordwärts in Richtung Icod de los Vinos folgen. Das Landschaftsbild ändert sich völlig, wo wir das baumlose Tal von Santiago verlassen und die grünen Hänge oberhalb **Erjos** (*P*17) erreichen. Wanderung 16 kann hier beendet werden; Wanderung 17 nimmt in Erjos ihren Ausgang. Die schroffe Landschaft geht in Ackerterrassen und Obstbäume über. Wir kommen durch **El Tanque** (86 km 🍽) und erreichen bald den **Mirador de Garachico** (88 km 📷✕), wo sich die beste Sicht auf das Dorf und den der Küste vorgelagerten Fels bietet.

Etwa 3 km hinter dem Mirador (91 km) biegen wir rechts

nach »El Amparo, La Vega« (TF2225). Nach knapp 4 km biegen wir an der Straßenverzweigung nach rechts, dann sogleich wieder nach rechts. An diesen Hängen gedeihen Icods berühmte Weinreben. Wir fahren an **La Vega** vorbei, wo Wanderung 15 endet, und erreichen **La Montañeta** (100 km ⛔P16). Dieser Weiler, in einer Senke am Rande des Kiefernwaldes gelegen, ist Ausgangspunkt von Wanderung 16. Wir fahren über dieselbe Straße zurück; der Blick fällt über den Steilhang auf die Ostküste hinab. Wir folgen der Ausschilderung nach El Amparo.

(Falls man für einen Abstecher — 8 km hin und zurück — Zeit hat und sich nicht an einer steilen, schmalen und holprigen Straße stört, kann man Redondo besuchen. Die *nicht beschilderte* Rechtsabzweigung kommt etwa 6 km unterhalb von La Montañeta unmittelbar *hinter* einem Haus und *vor* einer scharfen Straßenbiegung; die Straße heißt »La Petita«. In der Gegend gibt es einzigartige Steinhäuschen, die aus mehreren winzigen zusammengefügten Behausungen bestehen; jedes Zimmer hat sein eigenes Dach.)

Die Haupttour führt nach Icod de los Vinos (109 km) zurück, wo wir an einer Straßenverzweigung erst nach links, dann nach rechts biegen, um wieder auf die C820 zu gelangen. Unsere nächste Abzweigung kommt 3 km die Straße hinauf auf der rechten Seite: die stetig ansteigende TF222 führt durch felsiges, landwirtschaftlich genutztes Gelände nach **La Guancha** (119 km ✖🍴⊕P14), wo Wanderung 14 endet und Variante 3 von Wanderung 15 beginnt. Blumentröge mit scharlachroten Geranien zieren die Straßen. (Hier empfiehlt sich ist ein weiterer Abstecher, 6 km hin und zurück: 6 km hinter La Guancha, unmittelbar vor Icod el Alto, fährt man rechts eine unbeschilderte Straße hinauf. Nach 3 km erreicht man den Mirador La Corona (✖📷P13) mit Blick auf das gesamte Orotava-Tal.) Die Haupttour führt geradeaus auf der TF221 nach **Icod el Alto** (126 km 📷), einem Landwirtschaftsgebiet, das an steilen grünen Hängen liegt. Hier beginnen die Wanderungen 13 und 14.

Die Straße verläuft eingekerbt in der steilen Felswand; während der Fahrt in das Orotava-Tal hinab bieten sich herrliche Ausblicke. Die TF213 führt uns durch das obere und untere **Los Realejos** (🏔✖🍴⊕ sowie die älteste ✝ auf Teneriffa) und bringt uns wieder zur C820 zurück. Nach Osten geht es nach Puerto zurück (145 km).

Das Teno-Gebirge mit dem großen Tal von El Palmar (Autotour 3, nahe Wanderung 17)

4 VERSTECKTE WINKEL IM ANAGA-GEBIRGE

Puerto de la Cruz • Tacoronte • Mesa del Mar • Bajamar • Punta del Hidalgo • Las Carboneras • Taborno • Pico del Inglés • La Laguna • Puerto de la Cruz

122 km; 5 Stunden Fahrzeit; Ausfahrt B von Puerto (Stadtplan Seite 8-9)
Am Wege: Picknick (siehe P-Symbol sowie Seite 10-17) 19-22; Wanderung 19-23

Man kann diesen Ausflug an einem Nachmittag unternehmen, aber es ist ratsam, einen ganzen gemütlichen Tag dafür anzusetzen; auf den schmalen kurvenreichen Straßen kommt man nur langsam voran. Die Fahrt nach Mesa del Mar hinunter führt über eine steile Felswand, was schwindelerregend sein kann. **Hinweis:** *Hinter Las Canteras orientiere man sich anhand der großmaßstäblichen Wanderkarte des Anaga-Gebirges auf der Rückseite der Inselkarte.*

Fotos zu dieser Tour auf den Seiten 28, 102, 104, 113 und auf dem Buchumschlag

Auf dieser Tour fahren wir zunächst zur Küste hinunter, um in einem der Meeresschwimmbecken zu baden (es stehen mehrere zur Auswahl). Dann fahren wir weiter zu den Anhöhen des Anaga-Gebirges hinauf, wo wir einen Spaziergang im Lorbeerwald unternehmen können. Der Tag läßt sich mit etwas Kultur und Geschichte abschließen, indem wir durch die Straßen von La Laguna bummeln.

Wir verlassen Puerto auf der Autobahn (TF5) und fahren bis zur Ausfahrt nach El Sauzal. Ab hier folgen wir der Ausschilderung (C820) nach **Tacoronte** (15 km ✝🏔✖🍴⊕). Der von vielen Inselbewohnern verehrten hölzernen Christusstatue in der Kirche (17. Jh.) werden zahlreiche Wunder zugeschrieben. Wir verlassen Tacoronte auf der TF1221 (nach »Valle Guerra« ausgeschildert). 4 km weiter biegen wir links nach »Mesa del Mar«. Nach 1 km bergab fahren wir an einer Straßenverzweigung geradeaus weiter. Wir kommen an großen Häusern mit farbenfrohen Gärten vorbei und erreichen die Klippen, die die Steilküste überragen. Unten liegt auf zerklüfteten Felsen, die ins Meer hinausragen, die Feriensiedlung **Mesa del Mar**. Von der steilen kurvenreichen Straße bieten sich erstklassige Ausblicke auf die Küste (📷). Die Feriensiedlung selbst bietet nichts Interessantes, aber dahinter (nach einem Tunnel) liegt ein Sandstrand unterhalb der jähen Klippen.

Wir kehren zur TF1221 zurück und fahren links nach **Valle Guerra** (25 km 🍴). Ab hier folgen wir der Ausschilderung nach **Tejina** (31 km ✖🍴); dann fahren wir auf der TF121 nach Bajamar. Blühende Sträucher und Rankengewächse, zusammen mit großen Bananenplantagen, bilden ein farbenfrohe Landschaftsbild. Die Meeresschwimmbecken machen **Bajamar★** (34 km 🏔✖🍴⊕) zum beliebten Ferien- und Badeort. Hinter dem Ort steigen steile Hänge an, deren scharfe Konturen jedoch durch den Pflanzenwuchs in den verschiedensten Grüntönen etwas gemildert werden. Wir fahren auf derselben Straße weiter bis nach **Punta del Hidalgo★** (37 km 🏔✖📷P19a) gegenüber von Bajamar. Hinter dem Dorf

Das Anaga-Gebirge bei Bajamar (Autotour 4)

endet die Straße an einem Wendekreisel. Hohe schroffe Bergkämme fallen ins Meer ab. Wanderung 19 nimmt hier ihren Ausgang (siehe Umschlagsfoto).

Wir kehren nach Tejina zurück und fahren weiter auf der TF121 nach **Tegueste** (49 km ✖🍴). Diese beiden kleinen Dörfer liegen auf Wiesenhängen. In **Las Canteras** (55 km) biegen wir links auf die TF114 und fahren in den prächtigen Lorbeerwald hinauf. 3 km hinter Las Canteras liegt rechts ein Mirador (📷), wo sich ein fesselnder Ausblick auf die üppiggrüne Hochebene von La Laguna bietet. Danach erreichen wir die **Cruz del Carmén**★ (59 km ✖📷). Von dem schön angelegten Aussichtspunkt überblicken wir das Aguere-Tal von La Laguna; im Hintergrund erhebt sich der allgegenwärtige Teide.

Für kurze Zeit verlassen wir den dichten Wald und machen einen kleinen Abstecher zu den zwei wunderschön gelegenen Dörfern Las Carboneras und Taborno: 1 km hinter der Cruz del Carmén biegen wir links auf die TF1145. Wir fahren an der Abzweigung zur Casa Negrín (✖P21) vorbei, wo Wanderung 20 endet und Wanderung 21 beginnt. Es geht bergab, Täler öffnen sich, und für einen Augenblick wird Punta del Hidalgo sichtbar. Den Bergrücken krönt der charakteristische Roque de Taborno. Umgeben von Ackerterrassen, liegt **Las Carboneras**★ (67 km ✖P19b, 19c) auf einem Berghang. Die Wanderungen 19 und 23 enden hier; Wanderung 20 nimmt hier ihren Ausgang. Wir kehren zur Straße (TF1128) zurück, an der wir vorhin vorbeigefahren sind, und folgen ihr nach links. Über einen bewaldeten Bergrücken hinab erreichen wir **Taborno**★ (72 km 📷P20). Die Häuschen dieses Weilers stehen verstreut auf dem Bergrücken, der zwei tiefe Barrancos trennt. Wanderung 20 und 23 führen beide durch den Weiler.

Wir kehren wieder zur Hauptstraße zurück (jetzt Nummer TF1123) und biegen nach links. Nach 1 km erreichen wir die Rechtsabzweigung zum Mirador **Pico del Inglés**★ (81 km 📷P22). Dieser Aussichtspunkt thront hoch auf dem Rückgrat der Gebirgskette, welche den Norden der Insel vom Süden trennt. Wir schauen auf die versteckten Ackerterrassen des Afur-Tals hinab, sehen ein Stück Südküste und erblicken den majestätischen Teide. Wanderung 22 führt von hier nach Santa Cruz hinab. Vom Pico del Inglés fahren wir auf der TF114 und TF121 zur reizenden Universitätsstadt **La Laguna**, bevor wir nach Puerto zurückkehren (122 km).

5 DER SONNENDURCHGLÜHTE SÜDEN

Puerto de la Cruz • El Portillo • Güimar • Arico • La Candelaria • Puerto de la Cruz
234 km; 6 Stunden Fahrzeit; Ausfahrt B von Puerto (Stadtplan Seite 8-9)
Am Wege: ⌘ *Zonas recreativas beiderseits des Mirador Pico de la Flores an der C824; Picknick (siehe P-Symbol sowie Seite 10-17) 6, 7a, 12b; Wanderung 6, 7, 8, 12*
Allgemein gute Straßenverhältnisse, mit Ausnahme eines 30 km langen Abschnitts zwischen Fasnia und Arico auf einer schmalen, holprigen Straße. Die Autobahnen sind immer stark befahren. Ein Abschnitt der C824 (zwischen La Esperanza und der Arafo-Abzweigung) ist häufig in Nebelschwaden gehüllt. Zwischen La Esperanza und Güimar (über 70 km) gibt es keine Tankstellen.
Fotos zu dieser Tour auf den Seiten 54-55, 59, 75

Von üppigem Grün zu ausgedörrter Erde, von der Küstenebene ins Hochgebirge, von schattigen Wäldern zu kahlen Felsen — diese Fahrt bietet all diese Gegensätze. Die Südabdachung der Insel wird in ihren höheren Lagen von den meisten Touristen übergangen; sie steht im krassen Gegensatz zu den fruchtbaren grünen Hängen des Nordens.

Wir verlassen Puerto über die Ausfahrt B und fahren auf der Autobahn (⌘) nach La Laguna. An der Ausfahrt nach La Laguna (28 km) fahren wir rechts auf die C824. Üppiggrüne Weiden begleiten uns nach **La Esperanza** (33 km ✕⌘), während wir auf dem Kammgebirge bergauffahren. Die Bergkämme hinter La Esperanza sind mit Eukalyptusbäumen und Kiefern bestanden. Hier gibt es mehrere Aussichtspunkte und zwei Picknickplätze. Am Mirador **Pico de las Flores** (39 km ⌘⌘) blicken wir auf die fruchtbaren Hänge, die nach Santa Cruz abfallen und zum Anaga-Gebirge hinüberreichen. Nach 1 km kommt ein weiterer Aussichtspunkt (⌘). Es folgt der **Mirador Ortuño** (⌘) mit Blick auf die kiefernbestandenen Hänge des Teide. Ein Abstecher von 1 km führt uns zum Mirador de Cumbres (⌘), wo sich ebenfalls ein Ausblick auf die Nordabdachung der Insel bietet.

Bei **La Crucita** (60 km ⌘P6) kreuzen die Wallfahrer auf ihrem Weg nach Candelaria die C824. Wanderung 6 folgt dem alten Pilgerweg. Wir nähern uns dem Paß an der höchsten Stelle der Straße und lassen den Kiefernwald hinter uns. Felsvorsprünge, überwachsen mit *Retama*, überwiegen im Landschaftsbild. Etwas später wandelt sich das Gelände erneut, und zahlreiche vulkanische Farbtöne gehen ineinander über.

El Portillo (73 km ✕wc⌘P7a, 12b) ist der Ausgangspunkt von Wanderung 7, 8 und 12. Hier machen wir kehrt und fahren auf der C824 zurück, um nun die südlichen Abhänge anzusteuern. Unser nächstes Ziel, Arafo, ist aus dieser Richtung nicht ausgeschildert, und *die Abzweigung ist leicht zu übersehen*. Sie liegt 20 km von El Portillo entfernt (93 km) und führt nach rechts hinunter. Kiefern begleiten uns zeitweise auf der Fahrt bergab, aber auf den unteren Hängen herrschen Kastanienbäume vor. Vor uns öffnet sich das Becken von

30 Landschaften auf Teneriffa

Güimar; Schluchten schneiden tief in die Steilwand ein (97 km 📷). Ackerterrassen mit hohen Steinmauern überziehen die Hänge dieses fruchtbaren Landwirtschaftszentrums. Mit Gemüse unterpflanzte Weingärten herrschen vor. Wir umfahren das Zentrum von Arafo (wo Wanderung 6 endet) und fahren geradeaus weiter durch **Güimar** hindurch (115 km 🏨✖🚌⊕).

Wir kommen auf der alten C822 heraus und fahren in Richtung Fasnia weiter. Diese alte holprige Straße schlängelt sich durch kleine Schluchten, bevor sie entlang der östlichen Steilwand aus dem Becken herausführt. Der **Mirador de D. Martin** (121 km ✖📷) bietet einen letzten Blick auf dieses großartige Tal. Die eintönige Landschaft wird noch rauher. Bäume sind gänzlich verschwunden, und am Straßenrand sieht man nur noch den feinästigen Christusdorn. Im April und November beleben seine gelben Blüten das Landschaftsbild. Steinmauern terrassieren die Hänge. Zahlreiche Höhlen, teils viereckig, teils gewölbt, mit Türen und Toren, fallen am Straßenrand auf. Häufig führen die Eingänge in riesige Kammern. Stets bleibt unten die Küste in Sicht.

Fasnia (133 km 🚌) ist ein angenehmes Landdorf, etwas abseits der Straße gelegen. Zwischen hier und Arico gibt nur wenige Siedlungen, und das Land liegt brach. In **Arico** (148 km ✖🚌) biegen wir links auf der TF613 und fahren zur Autobahn (TF1) zurück, der wir links in Richtung Santa Cruz folgen. Nach 23 km biegen wir nach **La Candelaria★**(179 km ✝🏨✖🚌⊕) ab. Die Basilika (1958) beherbergt die neue Statue von Nuestra Señora de la Candelaria, der Schutzpatronin der Insel. (Die ursprüngliche Statue wurde angeblich 1390 von Guanchen-Hirten gefunden, ging aber 1826 in einer Sturmflut verloren.) Der große Platz an der Uferpromenade in der Nähe der modernen Kirche ist recht beeindruckend. Die zehn roten Steinstatuen stellen die einstigen Guanchen-Könige Teneriffas dar (siehe Titelbild). Ab hier folgen wir der Autobahn nach Puerto (234 km). Nachdem wir wieder das Orotava-Tal erreichen, genießen wir das Farbenspiel der Grün- und Brauntöne, unterbrochen von leuchtendweißen Siedlungen und überragt vom majestätischen Teide.

El Draguillo (Wanderung 24; Variante Wanderung 26)

 Wandern

In diesem Buch sind die schönsten Wanderungen auf Teneriffa beschrieben — genügend Touren, um selbst absolute Wanderprofis einen Monat lang in Trab zu halten. Neben den schönsten Wanderungen im beliebten Orotava-Tal finden sich viele weitere Touren, insbesondere im Anaga- und Teno-Gebirge.

Mit Hilfe dieses Buches und dem Busfahrplan (Seite 128-132) kann man auch Wanderungen nach dem eigenen Geschmack zusammenstellen. Auf den Wanderkarten ist erkenntlich, wo Strecken zusammenlaufen. Die ausfaltbare Inselkarte zeigt die allgemeine Lage der Wandergebiete. Doch Vorsicht: **Man sollte nie versuchen, ohne Karte von einer Wanderroute zu einer anderen zu gelangen!** Verschiedene Wanderstrecken sollten nur dann miteinander verbunden werden, wenn man einem hier beschriebenen Pfad folgen kann oder ein Fahrweg bzw. eine Straße weiterführt. Keinesfalls sollte man einfach querfeldein gehen (was sich als gefährlich erweisen kann) oder über Privatland wandern.

Dieses Buch enthält Wanderungen aller Schwierigkeitsgrade:

Anfänger sollten mit Wanderungen anfangen, die als »leicht« klassifiziert sind, und sich auch alle Kurzwanderungen und Varianten ansehen (einige von ihnen sind leichtere Abwandlungen längerer Touren). Die Picknickvorschläge (Seite 10-16) bieten eine große Auswahl an *sehr* einfachen Spaziergängen.

Erfahrene Wanderer sollten, sofern sie an unwegsames

Gelände gewöhnt und schwindelfrei sind, alle beschriebenen Wanderungen unternehmen können *(mit Ausnahme der Touren **für Wanderprofis**)*. Natürlich muß man die Jahreszeit und das Wetter berücksichtigen. So sind z.B. nach Niederschlägen einige Barranco-Wanderungen ungeeignet; bei starkem Wind oder bei Schneefall sollte man keine Ausflüge in die Berge planen. **Sturmschäden können Wanderrouten jederzeit gefährden.** Man halte sich außerdem stets auf dem beschriebenen Weg. Falls man nach einer angemessenen Zeit nicht einen der Orientierungspunkte erreicht hat, sollte man unbedingt zur letzten sicheren Stelle zurückkehren und erneut den Weg suchen.

Wanderprofis, die an Steilabbrüche und Geröll gewöhnt sind, können notfalls auf eigene Faust weiterwandern und — *sofern der Zustand der Wege noch so wie hier beschrieben ist* — alle Wanderungen dieses Buches unternehmen.

Wanderführer, Wegmarkierungen, Karten

Wanderführer sind auf Teneriffa nicht leicht zu finden. Man kann sich jedoch bei einem der Fremdenverkehrsbüros oder bei der örtlichen Vertretung des Reiseveranstalters erkundigen bzw. in der deutschsprachigen Zeitung »Der Wochenspiegel« nachschauen. Vom Hotel Tigaiga werden regelmäßig geführte Wanderungen (hauptsächlich für Deutsche) veranstaltet.

Im Orotava-Tal und auf einigen Anaga-Wanderungen sind die **Wegmarkierungen** dank den Bemühungen der ICONA und der Inselregierung gut. Wie in den ICONA-Wanderbroschüren hingewiesen wird, sollte man jedoch auch hier **nie ohne Karte wandern!**

Den stark überarbeiteten **Karten** dieses Buches liegen die amtlichen Militärkarten (1:25.000) zugrunde. Die Karten sind meist im Maßstab 1:40.000 gedruckt, teilweise jedoch auch in kleinerem Maßstab, so daß man sich *des jeweiligen Maßstabs auf der Karte versichern sollte*. Die Militärkarten sind in Deutschland über jede Buchhandlung oder direkt vom GeoCenter, Schockenriedstraße 40a, 70565 Stuttgart zu beziehen. Auf Teneriffa sind sie bei der Capitanía, Plaza de Weyler, Santa Cruz (Stadtplan Nr. 2) erhältlich. Die Militärkarten sind jedoch teilweise veraltet, und die angegebenen Fußwege sind oftmals nicht mehr begehbar.

Hunde und andere Störenfriede

Hunde sind die einzigen echten Störenfriede auf den Wanderungen. Meist sind sie klein und kläffen laut; man braucht ihnen nur den Stock zu zeigen, um sie zurückzuscheuchen. Falls man jedoch viel auf der Insel wandert, begegnet man jedoch auch einmal einem aggressiven Hund, der sein Revier verteidigt. Ein elektronisches Ultraschall-

Hundeabwehrgerät schafft hier Abhilfe. Nähere Informationen über diesen »Dog-Dazer« von Dazer UK, 51 Alfriston Road, GB-London SW11 6NR.

Hin und wieder überraschen **Jäger** mit ihren Gewehrsalven, aber man braucht sich keine Sorgen zu machen. An Wochenenden und Feiertagen kommen sie in Scharen, stets im Gefolge kläffender Hunde.

Um angekettete **Ziegenböcke** sollte man einen weiten Bogen machen; sie sind von Eindringlingen nicht sehr angetan. Auf Teneriffa gibt es keine giftigen Insekten oder Schlangen.

Die hilfreichen ICONA-Wegweiser sind im Orotava-Tal und auf der Anaga-Halbinsel besonders häufig zu sehen.

Ausrüstung

Falls man dieses Buch erst auf Teneriffa erwirbt und keine besondere Ausrüstung wie Rucksack oder Wanderstiefel bei sich hat, kann man dennoch einen Teil der Wanderungen unternehmen bzw. die fehlende Ausrüstung in einem Sportwarengeschäft kaufen. Keinesfalls sollte man Wanderungen ohne geeignete Ausrüstung unternehmen. Für jede Wanderung ist die *ganzjährige Mindestausrüstung* angegeben. Falls Wanderstiefel erforderlich sind, gibt es keine Alternative, denn nur sie bieten die nötige Trittsicherheit sowie Knöchelschutz und sind ausreichend wasserdicht. Für alle anderen Wanderungen sind auch feste Schuhe mit dicken Gummisohlen geeignet, die bei Nässe rutschfest sind.

Folgende Liste von Ausrüstungsgegenständen könnte hilfreich sein:

Wanderstiefel (eingetragen und bequem)
Regenbekleidung (außer im Sommer)
langärmeliges Hemd (Sonnenschutz)
Erste-Hilfe-Ausrüstung (einschl. Bandagen, Pflaster und Desinfektionsmittel)
Plastikteller, Tassen usw.
Anorak (mit Reißverschluß)
extra Schnürsenkel
Sonnenhut, Sonnenbrille, Sonnencreme
Trillerpfeife
Kompaß
Taschenlampe
aktueller Busfahrplan (s.S. 7)
Wasserflasche mit Wasserreinigungstabletten
lange Hose
Messer und Dosenöffner
2 leichte Pullover
extra Paar Socken
Sitzunterlage
Tagesrucksack
Insektenabwehrmittel
Dog-Dazer (s.u. »Hunde«)

Man bedenke, daß der Autor nicht *jede* beschriebene Wanderung unter *allen* Wetterbedingungen durchgeführt hat, und sollte die Ausrüstung der jeweiligen Jahreszeit anpassen.

Vorsichtsmaßnahmen für Wanderer

Man beherzige folgende Ratschläge:

- **Eine Wanderung kann jederzeit durch Sturmschäden oder Bauarbeiten gefährlich werden.** Falls man die Route nicht wie hier beschrieben vorfindet und der weitere Weg unsicher erscheint, sollte man umkehren.
- Wege, die ausschließlich **Wanderprofis** empfohlen werden, können im Winter unpassierbar sein; alle Bergwanderungen können dann gefährlich sein.
- **Niemals allein wandern.** Vier Personen bilden die ideale Wandergruppe. Falls sich jemand verletzt, können zwei Personen Hilfe holen, und man braucht nicht in Panik zu fallen.
- **Man überschätze nicht seine Kräfte** — der Langsamste in der Gruppe bestimmt das Tempo.
- Die **Busverbindungen** am Ende der Wanderung sind von entscheidender Bedeutung.
- **Geeignete Schuhe** oder **Wanderstiefel** sind unumgänglich.
- **Nebelbildung** geht schnell vonstatten, insbesondere in höheren Lagen.
- **Warme Kleidung** ist in den Bergen erforderlich; auch im Sommer sollte man geeignete Kleidungsstücke für den Fall mitnehmen, daß man sich verspätet.
- **Erste-Hilfe-Ausrüstung, Kompaß, Trillerpfeife und Taschenlampe** wiegen wenig, können jedoch lebensrettend sein.
- Auf lange Wanderungen sollte man **zusätzlichen Proviant** und **Getränke** mitnehmen.
- **Ein Sonnenhut darf nie fehlen**; im Sommer sollten Arme und Beine bedeckt sein.
- Bitte auch den »Wichtigen Hinweis« auf Seite 2, die »Hinweise zum Natur- und Landschaftsschutz« auf Seite 37 sowie die Anmerkungen zu Schwierigkeitsgrad und Ausrüstung für jede geplante Wanderung lesen.

Unterkunft

Für Wanderer empfiehlt sich **Puerto de la Cruz** als Ausgangsquartier. Dieser einladende Ort ist sehr gut in das Busnetz eingebunden und bietet zahlreiche Unterkunftsmöglichkeiten. Die meisten beschriebenen Wanderungen sind von Puerto aus mit dem Bus leicht erreichbar, teils mit umsteigen. Da der **Süden** jedoch in den letzten Jahren zum Hauptferienzentrum geworden ist, sind im Busfahrplan auch wichtige Streckenverbindungen in dieses Gebiet enthalten. Man sollte auch erwägen, ein paar Nächte im ruhigen, einsam gelegenen **Parador de las Cañadas** zu verbringen. Vorherige Anmeldung: Parador Nacional de las Cañadas del Teide, Santa Cruz, Tenerife, Telefon 0034-922-386415. Wer es etwas abenteuerlich mag, dem empfiehlt sich eine Nacht im Refugio de Altavista am Teide. Über das örtliche

Fremdenverkehrsbüro sind nähere Informationen sowie die erforderliche Genehmigung erhältlich. Falls man nicht bereits durch eine Pauschalreise fest gebucht ist, kann man auch eines der Hotels in La Laguna oder Santa Cruz beziehen. Die Anaga-Wanderungen sind von hier aus schneller erreichbar.

Klima und Wetter

Das Wetter auf einer Insel ist oft unvorhersehbar, aber dennoch gibt es einige Anzeichen und typischen Wetterlagen, die die Planung eines Wandertags erleichtern.

Auf Teneriffa hat man ganzjährig Wanderwetter. Im Norden regnet es zwar mehr, aber dafür sind hier die Temperaturen angenehmer. Der Süden liegt meist im Sonnenschein. Wind herrscht an der südlichen Küste östlich von Los Cristianos vor, aber Regen ist hier eine Seltenheit.

Das Wetter wird von zwei Winden beeinflußt, dem nordöstlichen Passatwind (*Alisio*) und dem östlichen bis südöstlichen Wind aus der Sahara (*Tiempo del Sur*). Zwei andere Winde wehen nur sehr selten: der Nordwestwind aus dem Nordatlantik und der Südwestwind aus den Tropen. Beide führen schwere Regenfälle und Stürme mit sich; im Winter fällt dann in den Bergen meist Schnee. Nur diese seltenen nord- und südwestlichen Strömungen führen Wolken in solcher Höhe heran, daß auch die Cañadas bedeckt sind.

Den vorherrschenden Passatwind (*Alisio*) erkennt man an seinen niedrigen, flockigen Wolken. Die meiste Zeit im Jahr stauen sich diese Passatwolken auf der Nordseite der Insel. Sie liegen zwischen 600 m und 1500 m Höhe; darüber erstrahlt meist blauer Himmel. Die Cañadas liegen über der Passatwolkenschicht und genießen daher meist herrlich klare Tage.

Ganz anders ist der *Tiempo del Sur*, der Hitze und Staub mit sich bringt. Die Temperatur steigt merklich, und die Luft ist mit sehr feinem Staub durchsetzt. Diese Wetterlage tritt häufiger im Winter als im Sommer auf und dauert selten länger als drei oder vier Tage. Diese Tage eignen sich stets zum Wandern; es ist zwar ziemlich warm (im Sommer sollte man schattige Wege gehen), aber der Himmel ist wolkenlos, wenn auch etwas dunstig.

Der einzige Wind, der den Wandertag völlig verderben kann, kommt aus den Tropen und führt auf der ganzen Insel *stets* zu schweren Regenfällen. Man erkennt diesen nur selten auftretenden Wind an der gleichmäßigen Wolkendecke.

Aufgrund der Winde weht meist eine frische Meeresbrise, die das Wandern so angenehm macht. Man bedenke jedoch, daß selbst bei leichter Bewölkung die Strahlungsintensität der Sonne immer noch sehr hoch ist, insbesondere in höheren Lagen. Ausreichender Schutz vor Sonnenbrand, insbesondere ein Sonnenhut und Sonnencreme mit hohem Schutzfaktor, sind wichtig. Auf Wanderungen in höheren Lagen muß außerdem stets mit dem *Schlimmsten* gerechnet werden, denn man kann alle Jahreszeiten innerhalb eines Tages erleben.

36 Landschaften auf Teneriffa

Spanisch für Wanderer

Auf dem Lande sind ein paar Brocken Spanisch hilfreich, um die Einheimischen zu grüßen und nach dem Weg zu fragen.

Folgender Gesprächsverlauf ist auch auf Spanisch sehr einfach zu bewältigen: Zunächst präge man sich die wenigen kurzen Kernfragen und ihre möglichen Antworten ein (siehe unten). Dann stellt man die Fragesätze, die sich daraus ableiten lassen, **solchermaßen, daß man stets ein »sí« (ja) oder ein »no« (nein) als Antwort erhält.** *Niemals* stelle man ein Frage mit offener Antwort, etwa »Wo ist die Hauptstraße?« Stattdessen stelle man die Frage und *gebe die wahrscheinlichste Antwort selbst vor.* Beispiel: »Guten Tag, Señor. Bitte — wo ist der Pfad nach Afur? *Liegt er direkt vor mir?«* Falls man nun kein »sí« als Antwort erhält, versuche man es so: »*Liegt er links?«* Wenn man die möglichen Antworten auf die eigene Frage durchgeht, wird man schließlich eine bejahende Reaktion erhalten... was immer noch sicherer ist, als sich nur auf die Zeichensprache zu verlassen.

Nachfolgend die beiden wahrscheinlichsten Situationen, in denen man sein Spanisch unter Beweis stellen muß. Anstelle der Pünktchen (...) muß man den Ortsnamen des Ziels einsetzen. Die ungefähre Aussprache der Ortsnamen findet sich im Ortsregister (ab Seite 133). Der betonte Vokal ist fett gedruckt.

■ Nach dem Weg fragen

Kernfragen

Deutsch	*Spanisch*	*Aussprache*
Guten Tag, Herr (Frau, Fräulein).	Buenos días, señor (señora, señorita).	Buenos dias, senjor (senjora, senjorita).
Bitte —	Por favor —	por fawor —
wo ist	dónde está	donde esta
die Straße nach...?	la carretera a ...?	la karretera a...?
der Fußweg nach...?	la senda de ...?	la senda de...?
der Weg nach...?	el camino a ...?	el kamino a...?
die Bushaltestelle?	la parada?	la parada?
Vielen Dank.	Muchas gracias.	Mutschas graßjas.

Mögliche Antworten

Ist es hier?	está aquí?	esta aki?
geradeaus?	todo recto?	todo rekto?
dahinter?	detrás?	detras?
rechts?	a la derecha?	a la deretscha?
links?	a la izquierda?	a la ißkjerda?
oberhalb?/unterhalb?	arriba?/abajo?	arriba?/abacho?

■ Bitten an einen Taxifahrer zur Rückfahrt

Deutsch	*Spanisch*	*Aussprache*
Bitte —	Por favor —	por fawor —
fahren sie uns nach...	llévanos a ...	ljewanos a...
und zurück	y volver	i wolwer
für uns um	para nosotros a	para nosotros a

(man kann die Zeit für die Rückkehr auf der Armbanduhr zeigen.)

Hinweise zum Natur- und Landschaftsschutz

Erfahrene Wanderer kennen den folgenden Verhaltenskodex, doch unternehmungslustige Touristen können unwissentlich Schaden anrichten, Tiere verletzen oder sogar ihr eigenes Leben gefährden. Man beherzige folgende Ratschläge insbesondere auf Teneriffa, wo das unwegsame Gelände zu folgenschweren Fehlern führen kann:

- **Feuer** nur in Picknickgebieten mit **Grillplätzen** anzünden. Zigaretten sorgfältig auslöschen.
- **Keine Tiere verängstigen.** Die Ziegen und Schafe, denen man unterwegs begegnet, sind nicht zahm. Bei lauten Geräuschen oder dem Versuch, die Tiere anzufassen oder zu fotografieren, können sie aus Angst davonstürzen und sich verletzen.
- **Leise** durch alle Ortschaften wandern; Hunde möglichst nicht herausfordern.
- **Alle Tore im vorgefundenen Zustand lassen**, ob in der Nähe von Gehöften oder in den Bergen. Auch wenn man gerade keine Tiere sieht, erfüllen die Tore doch einen Zweck; sie dienen dazu, die Ziegen und Schafe inner- oder außerhalb eines bestimmten Gebiets zu halten.
- **Alle Wild- und Kulturpflanzen schützen.** Bitte keine Wildblumen pflücken oder Sprößlinge ausreißen. Obst und Gemüse sind fast immer Privatbesitz und sollten nicht angefaßt werden.
- **Niemals quer über bestelltes Ackerland gehen.**
- **Allen Abfall wieder mitnehmen.**
- **KEIN RISIKO EINGEHEN!** Dies ist der wichtigste Hinweis. Man unternehme keine Wanderung, die die eigenen Fähigkeiten übersteigt, und sollte nicht die beschriebenen Wege verlassen, falls es die geringsten Anzeichen von Nebelbildung gibt oder sich der Tag bereits dem Ende zuneigt. **Man sollte niemals allein wandern** und *stets* einer zuverlässigen Person *genau* beschreiben, wohin man aufbricht und zu welcher Zeit man voraussichtlich zurück sein wird. Falls man sich verirrt oder verletzt, kann es lange dauern, bis man gefunden wird. Auf jeden Ausflug, außer auf kurzen Spaziergängen in Dorfnähe, sollte man eine Erste-Hilfe-Ausrüstung, eine Trillerpfeife, eine Taschenlampe, ausreichend Getränke und warme Kleidung mitnehmen — sowie energiereiche Nahrung wie z.B. Schokolade oder Fruchtschnitten.

Vorbereitung der Wanderungen

Die 27 beschriebenen Wanderungen konzentrieren sich auf vier Gegenden: das Orotava-Tal, die Cañadas, den Nordwesten (einschließlich des Teno-Gebirges) und das Anaga-Gebirge. Das Buch ist so aufgebaut, daß die Wanderungen leicht zu planen sind — je nach Wegstrecke, Kondition, Ausrüstung und Jahreszeit.

Zunächst kann man sich die ausfaltbare Inselkarte (zwischen Seite 16 und 17) anschauen. Auf einen Blick sieht man hier die gesamte Insel, das Straßennetz sowie die allgemeine Lage der Wandergebiete. Beim Durchblättern des Buches findet man mindestens ein Foto zu jeder Wanderung, das einen ersten Eindruck der Landschaft vermittelt.

Nachdem man aufgrund der Karte und der Fotos einige interessante Wanderungen ausgewählt hat, sehe man sich die Planungshinweise zu Beginn der jeweiligen Touren an. Hier findet man Angaben über die Länge der Wegstrecke, die Gehzeit, den Schwierigkeitsgrad, die Ausrüstung und die Anfahrt mit dem Bus. Falls die Wanderung zu schwierig oder anstrengend erscheint, gibt es meist eine zugehörige Kurzwanderung oder Variante, die in der Regel weitaus weniger Kondition und Ausrüstung erfordert.

Die Wanderungen beginnen jeweils mit einer allgemeinen Charakterisierung der Landschaft, um dann rasch zur detaillierten Wegbeschreibung überzugehen. Die großmaßstäblichen Karten (siehe Hinweis Seite 32) wurden durch besondere Symbole ergänzt, um wichtige Orientierungspunkte darzustellen. Für das Erreichen bestimmter Stellen werden Gesamtgehzeiten angegeben. Diese Zeitangaben basieren auf einer durchschnittlichen Schrittgeschwindigkeit von 3-4 km/h in ebenem Gelände sowie einer Aufstiegsrate von zusätzlich 20 Minuten je 100 Höhenmeter. (Für geübte Wanderer können sich die Zeiten halbieren.) Bevor man sich auf eine längere Wanderung begibt, sollte man auf einer kurzen Strecke sein eigenes Tempo mit dem des Autors vergleichen. Die Gehzeiten schließen lediglich *kurze Aufenthalte* an den Aussichtspunkten ein; man sollte reichlich Zeit für Foto-, Picknick- und Badepausen einrechnen.

Nachstehend eine **Legende** der auf den Wanderkarten benutzten **Symbole**:

1 AGUAMANSA • BENIJOS • C821

Karte auf Seite 52-53; Fotos der näheren Umgebung auf Seite 51 (unten) und Seite 60 (oben)
Entfernung/Gehzeit: 8,5 km; 2Std10Min
Schwierigkeitsgrad: leicht; nach einem flachen Wegstück folgt ein Abstieg über 300 Höhenmeter.
Ausrüstung: feste Schuhe, Sonnenhut, Pullover, Anorak, Regenschutz, Proviant, Getränke
Anfahrt: 🚌 345 von Puerto nach Aguamansa (Fahrplan 2); Fahrzeit 1Std
Rückfahrt: 🚌 345 (Fahrplan 2) von der C821 nach Puerto; Fahrzeit 45Min; oder 🚌 347 (Fahrplan 10) von Benijos nach La Orotava
Variante: Aguamansa — Chanajiga — Palo Blanco: 14 km; 3Std40Min; mittelschwerer Anstieg über 100 Höhenmeter und Abstieg über 600 Höhenmeter; Ausrüstung wie oben. Der Hauptwanderung zu den Überresten der Choza A. Lugo folgen (1Std10Min). Hier geradeaus weitergehen und nun die Karte auf Seite 77 benutzen. Alle Wege, die bergauf oder bergab abzweigen, unbeachtet lassen. Nach 30 Minuten erreicht man eine Kreuzung und biegt links ab. Nach zweiminütigem Anstieg rechts halten. An einem Querweg wiederum rechts weitergehen. An der nächsten Kreuzung geradeaus weitergehen (eventuell Wegweiser zur »Choza Cruz de Luís«). Am Querweg vor der Choza Cruz de Luís (an dieser Stelle ist die Schutzhütte in Sichtweite) nach rechts biegen, und an der Choza wiederum nach rechts biegen. Nun den Schildern nach Chanajiga folgen. Man erreicht eine Asphaltstraße und folgt ihr links zum Parkplatz und Picknickgebiet (2Std40Min). Um nach Palo Blanco weiterzuwandern und mit dem Bus zurückzufahren, siehe die Hinweise sowie die Karte zu Wanderung 13 ab der 4Std-Stelle (Seite 79).

Diese Wanderung bildet einen guten Auftakt und regt bestimmt zu weiteren Touren an. Das üppige Grün, die blühende Baumheide und die duftenden Kiefern sind reizvoll, und die beiden Wasserstollen machen die Wanderung noch interessanter.

Der hölzerne Unterstand der Bushaltestelle von Aguamansa befindet sich auf der östlichen Straßenseite. Bis zur Bar/Gaststätte sind es etwa 100 m. Wir steigen aus dem Bus aus, überqueren die Straße und gehen ungefähr 75 m bergauf. Dann folgen wir rechts einem breiten Pfad, auf den ein *Sendero turístico*-Schild hinweist. Nach einer halben Minute bergauf halten wir uns an der Verzweigung des Pfades links. Der Pfad führt uns durch den hinteren Eingang zur Piscifactoría de Aguamansa. Nachdem wir uns in der Forellenzucht umgesehen haben, kehren wir zum hinteren Eingang zurück und **beginnen die Wanderung.**

Wir folgen dem breiten Schotterweg nach Westen in den Kiefernwald. Nach einer halben Minute gehen wir unterhalb einiger Volieren mit heimischen Adlerarten vorbei. Bald passieren wir einen Trinkwasserbrunnen, der unterhalb des Weges steht. Zwei Minuten später (hinter einer Biegung) steigen wir links Steinstufen empor (eventuell gibt es hier einen Wegweiser »La Caldera«). Nach etwa 30 m Aufstieg sind linkerhand möglicherweise ein Tisch und Bänke zu sehen, wir jedoch halten uns rechts auf einem Erdpfad, der durch die Baumheide führt. Etwa 10 Minuten später (**15Min**) stoßen wir auf einen ziemlich breiten Schotterweg und folgen ihm nach rechts. (Eine halbe Minute später gehen wir an der Rechtsabzweigung eines Weges vorbei.) Sofern uns nicht Wolken die Sicht verwehren, erkennen wir den Vulkankegel des Teide, der hinter der Westseite des Orotava-Tals aufragt. Von hier aus gesehen ist es schwer zu glauben, daß der Teide mit 3718 m der höchste Gipfel Spaniens ist.

An einer Rechtsabzweigung (**30Min**) gehen wir zur Galería La Fortuita hinab, einer der vielen Wasserquellen der Insel. Aus diesen *galerías* (Stollen) wird Wasser in alle Teile der Insel geleitet. Dabei werden unterirdische Wasserreservoirs angezapft, deren Wasservorrat sich stetig durch Tropfkondensation ergänzt (die Kanarische Kiefer spielt hierbei eine herausragende Rolle; s.S. 45). Teneriffa ist auf diese Wasserreservoirs angewiesen, da die Insel über keine natürlichen Quellen verfügt und nur wenige Bäche ganzjährig Wasser führen.

Wir kehren auf den Hauptweg zurück und gehen bald an einer Rechtsabzweigung vorbei (**45Min**). Zehn Minuten später kommen wir in eine kleine enge Schlucht und überqueren auf einer alten Steinbrücke das trockene Bachbett mit seinen großen Felsbrocken. Zwei Minuten nach der Wegbiegung zweigt ein steiler Schotterweg rechtwinklig ab, den wir jedoch unbeachtet lassen. An dieser Stelle sehen wir die Galería Pino Soler. Unser Weg führt nun in den Kiefernwald hinein.

Wir erreichen eine Wegverzweigung (**1Std**; eventuell steht hier noch ein Wegweiser zur Choza Antonio Lugo) und gehen nach rechts bergab. Zwei Minuten später gehen wir an einer Rechtsabzweigung vorbei geradeaus weiter. Fünf Minuten später sind oberhalb des Weges die Überreste der Choza Antonio Lugo zu sehen (**1Std10Min**). Hier biegen wir rechts nach Benijos *(die Variante führt jedoch geradeaus weiter).*

Anfänglich wandern wir auf einem kaum noch begangenen Weg Richtung Benijos. Nach fünf Minuten Abstieg gehen wir an einer Kreuzung geradeaus auf einem Weg weiter bergab. Dieser Weg führt dann (**1Std20Min**) nach links zu einem Bauernhaus; wir jedoch gehen rechts auf einem schmalen Grasweg am Waldrand entlang bergab. An der nächsten Verzweigung gehen wir an einer großen, freistehenden Kiefer vorbei geradeaus weiter (*nicht* rechts abbiegen!). Bald kommt Puerto in Sicht. Unser Weg fällt plötzlich ab und mündet auf den Schotterweg, den wir zuvor verlassen haben. Wir gehen nach rechts weiter bergab. Lautes Bellen kündet an, daß uns die Hunde mittlerweile gewittert haben. Der Weg wird schließlich zum Betonsträßchen, das nicht weit von Benijos entfernt auf die TF2125 mündet (**1Std45Min**). Man *kann* hier einen der seltenen Busse (nach La Orotava) erwischen oder rechts bis zur C821 wandern (**2Std10Min**), wo sich schräg gegenüber die Bushaltestelle befindet.

2 AGUAMANSA • LA CALDERA • CHOZA CHIMOCHE • PEDRO GIL • AGUAMANSA

Karte Seite 52-53; Fotos Seite 49 (oben), 60 (unten)
Entfernung/Gehzeit: 8 km; 3Std40Min
Schwierigkeitsgrad: ein leichter bis mittelschwerer Auf- und Abstieg über 400 Höhenmeter; der Abstieg von Pedro Gil ist steil.
Ausrüstung: feste Schuhe, Sonnenhut, Pullover, Anorak, Regenschutz, Proviant, Getränke
Anfahrt: 🚌 345 von Puerto nach Aguamansa (Fahrplan 2); Fahrzeit 1Std; an der *Forellenzucht (piscifactoría)* aussteigen.
Rückfahrt: 🚌 345 von der Forellenzucht Aguamansa nach Puerto (wie oben)
Kurzwanderung: Aguamansa — La Caldera — Aguamansa: 3 km; eine gute Stunde; leicht. Wir folgen der Hauptwanderung zum Krater, den wir umrunden, um dann auf demselben Weg wieder zurückzukehren. Dieser Spaziergang läßt sich mit einem Teil von Wanderung 1 verbinden, zum Beispiel zur Galería La Fortuita und wieder zurück.

Diese kurze, abwechslungsreiche Wanderung führt durch Wälder und Schluchten, an hohen kahlen Steilwänden entlang, über schattige moosgrüne Pfade und zu schönen Aussichtspunkten.

Ausgangspunkt ist die Forellenzucht. Vom Haupteingang aus überqueren wir die Straße und gehen etwa 30 m bergauf, bis ein schmaler Schotterweg rechts in die Kiefern und Baumheide führt. Gleich am Anfang dieses Weges biegen wir rechts auf einen breiten Pfad ab. Er führt uns direkt hinter das Buswartehäuschen. Kiefern und dichte Baumheide säumen den Pfad. Nach einigen Minuten Anstieg gehen wir an einer Rechtsabzweigung vorbei. Fünf Minuten bergauf überqueren wir einen Forstweg. Einige Minuten später lassen wir rechts einen kleinen Pfad unbeachtet. Wir erreichen einen ziemlich breiten Schotterweg (**25Min**), dem wir nach rechts folgen. Hinter uns liegt die beeindruckende Bergkette, die das östliche Orotava-Tal umschließt. Bei Erreichen der Asphaltstraße, die La Caldera umrundet, gehen wir rechts weiter. Links unten erblicken wir zwischen den Bäumen hindurch den Krater (*La Caldera*). Vor uns liegt eine nette Bar/Gaststätte, dahinter befinden sich ein großer Parkplatz und die Bushaltestelle.

Wir gehen weiter, indem wir der Straße um den Krater herum folgen. An dem ersten Weg, der rechts abzweigt, gehen wir vorbei. Wir folgen jedoch dem nächsten Schotterweg rechts in den Kiefernwald hinein (ausgeschildert »Pasada Las Bestias, Pedro Gil/Chimoche«). *Auf der Kurzwanderung halten wir uns hier indes weiter auf der Asphaltstraße.* Wir wandern durch Kiefernwald. An einer Verzweigung (**1Std25Min**), wo ein Erdweg (unser späterer Rückweg)

Choza Chimoche

geradeaus weiterführt, folgen wir dem Hauptweg nach rechts bergauf. Hinter einer riesigen Schutthalde passieren wir die Galería Chimoche, ein bedeutendes unterirdisches Wasserreservoir (s.S. 40). Der Eingang zur *galería* (Wasserstollen) liegt versteckt in der felsigen Böschung hinter den beiden Gebäuden. Nach weiterem Anstieg erreichen wir eine Art Lichtung und die Choza Chimoche (**2Std**; Picknick 2; siehe Foto Seite 60 unten). Wenn wir den Weg links von der Schutzhütte einige Minuten hinaufgehen, erreichen wir einen noch schöneren Picknickplatz am Anfang einer Schlucht. Dieser Abschnitt der Wanderung ist besonders wildromantisch.

Von der Schlucht gehen wir 30 Minuten auf demselben Weg zurück. Wir verlassen den Hinweg etwa 10 Minuten unterhalb der Galería an der Weggabelung. Über den linken Weg sind wir von der Caldera hergekommen; wir folgen jetzt dem schmalen Erdweg nach rechts, der die links abfallende Schlucht umgeht und zur Örtlichkeit Pedro Gil führt. Zehn Minuten nach der Weggabelung (**2Std40Min**) erreichen wir eine kleine Hangverflachung namens Pedro Gil. (Der Weg endet unmittelbar hinter der Biegung.)

Von Pedro Gil steigen wir links einen Pfad bergab; ein Steinmännchen zeigt die Stelle an. Nach einer Minute Abstieg ist rechts ein kleiner Heiligenschrein zu sehen. Dann (**2Std 55Min**) erreichen wir drei Holzkreuze am »Camino de las Crucitas« (»Weg der kleinen Kreuze«). Von dieser Stelle aus können wir rechts unten einen Forstweg erkennen, der zur Choza El Topo und Choza Almadi (Wanderung 4) führt. Alsbald erreichen wir diesen Forstweg und gehen 30 m geradeaus auf einen Baum zu, der am Stamm mit zwei gelben Kreisen und einem *Sendero turístico*-Schild markiert ist. Wir folgen nicht dem Weg nach rechts, sondern nehmen den Pfad hinter dem Baum; ein Steinmännchen dient der Orientierung. Der dunkelschattige Pfad verläuft zwischen hoher Baumheide, Laubbäumen und Kiefern — ein kühler, grüner Rückweg. In den Bäumen hängen Bartflechten (Foto Seite 58).

Nachdem wir einen Weg gekreuzt haben, erreichen wir die Galería La Puente (**3Std15Min**). Ab hier geht es nach rechts auf dem einzigen Weg weiter, der von diesem Wasserstollen wegführt. Unterwegs sollte man sich auch einmal umdrehen, denn man hat einen freien Blick auf Los Organos (»die Orgelpfeifen«; Foto Seite 60 oben). Nach einigen Minuten gehen wir an einem Weg vorbei, der rechts abzweigt. Unmittelbar dahinter, ebenfalls rechts, sehen wir den Pfad, über den wir ursprünglich von Aguamansa aufgestiegen sind und über den nun auch unser Rückweg führt. Steinmännchen markieren deutlich die Abzweigung. Nach zweiminütigem Abstieg stoßen wir auf eine mächtige alte Kiefer; der Stamm hat einen Umfang von mindestens 5 Metern. Wir lassen alle schmalen Seitenpfade unbeachtet. Nach fünf Minuten erreichen wir die Hauptstraße und Bushaltestelle (**3Std40Min**).

3 AGUAMANSA • PINOLERIS • LA FLORIDA

Karte Seite 52-53; Fotos Seite 49 (unten), 51 (unten)
Entfernung/Gehzeit: 4,5 km/1Std30Min
Schwierigkeitsgrad: mittelschwerer Abstieg über 550 Höhenmeter. *Obwohl die Strecke jetzt durchgehend asphaltiert ist, ist diese Wanderung sehr beliebt.*
Ausrüstung: feste Schuhe, Sonnenhut, Pullover, Anorak, Regenschutz, Proviant, Getränke
Anfahrt: 345 von Puerto nach Aguamansa (Fahrplan 2); Fahrzeit 1Std
Rückfahrt: 346 von La Florida nach La Orotava (nicht im Fahrplan aufgeführt); Abfahrt stündlich jeweils Viertel vor); Fahrzeit 10Min; *umsteigen* in den 350 (Fahrplan 3); Fahrzeit 30Min
Variante: Aguamansa — Choza Chimoche — La Florida: 13 km; 5Std20Min; mittelschwerer Aufstieg über 400 Höhenmeter und Abstieg über 900 Höhenmeter; Ausrüstung und Anfahrt wie oben. Zunächst Wanderung 2 machen, dann nach Aguamansa absteigen und diese Wanderung anschließen.

Diese Wanderung führt uns durch eine ländliche Umgebung mit landwirtschaftlich genutzten Tälern. Leuchtende Blumenrabatten umgeben die Bauernhäuser, Schäfer behüten ihre Weidetiere, alte Kastanienbäume erheben sich an den Hängen und Steinmauern begrenzen die Hangterrassen. Falls sich die Dunstschleier im östlichen Orotava-Tal heben, eröffnen sich herrliche Ausblicke auf die kiefernbestandenen Hänge.

Die Wanderung **beginnt** am Buswartehäuschen von Aguamansa; wir gehen in das Dorf hinab (ausgeschildert). Dann nehmen wir die erste Rechtsabzweigung (nach »Mamio, Pinoleris, La Florida« ausgeschildert). Ab hier folgen wir der auf Seite 51 (unten) abgebildeten Landstraße. Von nun an begleiten uns die Blütenfarben und das Grün der Landschaft. Weißblühende Escobón-Hecken begrenzen die Felder. Wir erreichen eine Verzweigung (**20Min**), an der wir nach links biegen. Ein paar Minuten später sehen wir in einer Biegung einen gepflegten Heiligenschrein. Hier gehen wir geradeaus weiter (Wanderung 5 und Kurzwanderung 4 führen hier über den rechten Feldweg heran). Nach zwei Minuten gehen wir an einer Rechtsabzweigung vorbei. Wir genießen einen freien Blick auf Puerto, bevor es unvermittelt bergab geht; an einer Verzweigung biegen wir scharf nach rechts.

Die Straße schwenkt scharf nach links zurück und führt zu einer Querstraße hinab (**50Min**), der wir nach links durch Pinoleris folgen. Nach zwei Minuten bergab schwenkt die Straße an einer Kirche nach links; wir jedoch gehen hier rechts auf einer anderen Straße geradeaus bergab. In La Florida Alta stoßen wir auf eine Querstraße (**1Std05Min**), der wir nach links bergab folgen. Nach wenigen Minuten gehen wir an einer kleinen Linksabzweigung vorbei. Der nächsten Querstraße folgen wir nach links weiter bergab. Hinter der Schule erreichen wir die Bushaltestelle (**1Std30Min**). Man kann auch 15 Minuten nach links zur C821 weiterwandern, um einen der regelmäßigen Busse nach Puerto zu nehmen.

4 LA CALDERA • CHOZA EL TOPO • CHOZA ALMADI • PINO ALTO • LA FLORIDA

Karte Seite 52-53; Fotos Seite 49 (oben), 50, 51 (oben), 58, 60 (oben)

Entfernung/Gehzeit: 16,5 km/6Std

Schwierigkeitsgrad: hinter der Choza El Topo leichter bis mittelschwerer Aufstieg über 350 Höhenmeter; hinter der Choza Almadi dann ein anstrengender Abstieg über 1000 Höhenmeter. Der Abstieg führt stellenweise über loses Geröll, was *bei Nässe sehr gefährlich sein kann*. Dem Wetter ist besondere Aufmerksamkeit zu schenken. Wenn es auch nur *annähernd* schlecht aussieht, sollte man diese Wanderung nicht unternehmen. Zwischen der Caldera und Pino Alto gibt es nur zwei Schutzhütten; in dieser Höhenlage (bis über 1200 m) kann die Temperatur sehr rasch fallen.

Ausrüstung: Wanderstiefel, Sonnenhut, warmer Pullover, Anorak, Regenschutz, Trillerpfeife, Proviant, Getränke

Anfahrt: 345 von Puerto zur Haltestelle La Caldera (Fahrplan 2); Fahrzeit 1Std05Min

Rückfahrt: 346 von La Florida nach La Orotava (nicht im Fahrplan aufgeführt; Abfahrt stündlich jeweils Viertel vor); Fahrzeit 10Min; *umsteigen* in den 350 (Fahrplan 3); Fahrzeit 30Min

Kurzwanderung: La Caldera — Choza El Topo — Choza Perez Ventoso — Aguamansa: 6 km; 2Std05Min; leicht und auf gleichbleibender Höhe zur Choza El Topo, dann ein steiler Abstieg über 200 Höhenmeter zur Choza Perez Ventoso. Feste Schuhe oder Wanderstiefel, Sonnenhut, Pullover, Proviant, Wasser. Der Hauptwanderung eine Stunde folgen; dann Wanderung 5 ab der 4Std30Min-Stelle (Seite 50) anschließen.

Für diese Wanderung benötigt man etwas Energie und Ausdauer, da sie in die Höhe der Passatwolken (bis auf etwa 1450 m) hinaufführt. Unterwegs bieten sich Ausblicke auf das gesamte Orotava-Tal, vom Teide bis zum Meer hinab, und bis zur Westspitze der Insel. Stattliche alte Kiefern klammern sich an die steilen Hänge. Aufrecht im Gleichgewicht ruhend, mit ausladenden Ästen, erinnern sie an einen innehaltenden balinesischen Tänzer. In die Berghänge eingeschnittene, längst ausgetrocknet Felsschluchten warten nur auf die schweren Winterregenfälle, die sie für kurze Zeit auswaschen.

Ausgangspunkt dieser Wanderung ist die Bar an der Caldera, unweit der Bushaltestelle und des Parkplatzes. Wir gehen an der Bar vorbei und biegen dann links auf den geschotterten Forstweg ab. Er ist in Richtung »Los Organos« ausgeschildert. Diese Felsformation ist auf Seite 60 oben abgebildet. Tatsächlich sieht ein kurzer verwitterter Abschnitt dieser Bergkette wie eine Reihe von Orgelpfeifen (*órganos*) aus. Dem Weg, der zwischen Baumheide und Kiefern verläuft, kann man leicht folgen; es gibt keine größeren Abzweigungen. Nach kurzer Zeit überqueren wir eine Brücke, die über den Anfang einer schmalen Schlucht (Barranco de Pedro Gil) führt.

Dann (**10Min**) sind verschiedene Schilder zu sehen, darunter ein Wegweiser zur Choza El Topo. Wanderung 5 und 6

La Caldera • El Topo • Almadi • Pino Alto • La Florida 45

führen hier nach Süden zur Örtlichkeit Pedro Gil; wir jedoch halten uns auf dem Hauptweg. In der weitgeschwungenen, U-förmigen Wegbiegung blicken wir auf einen kiefernbestandenen Hang. Diese hohen eleganten Kiefern sehen wie Zierbäume aus; lange blaßgrüne Flechten hängen an ihren Ästen (siehe Foto Seite 58). Im weiteren Wegverlauf bietet sich noch öfter dieser Anblick. Die höchstgelegenen Gehöfte des Tals, die sich an die Steilwand schmiegen, stehen etwas unterhalb unseres Weges. Die Felder hier oben liegen brach, und es wächst nur noch Gras. Unterhalb des Weges sehen wir vereinzelte Kastanienhaine. Zwischen den Kiefern hindurch erblicken wir weiter unten Obstgärten. Eine alte Brücke führt uns über ein ausgetrocknetes Bachbett (**35Min**). Fünf Minuten später gehen wir an einer Linksabzweigung vorbei.

Schließlich erreichen wir die Choza El Topo (**1Std**). Ein Tisch und eine Bank erwarten den müden Wanderer. Diese Schutzhütte bildet einen guten Aussichtspunkt auf das Orotava-Tal. Hinter der Schutzhütte gehen wir geradeaus weiter (*auf der Kurzwanderung biegen wir jedoch hinter der Choza links auf den Pfad*). Innerhalb der nächsten zwanzig Minuten beginnt der eigentliche Aufstieg. Der in den Hang eingeschnittene Pfad zieht sich in Serpentinen allmählich zur Choza Almadi hinauf. Es ist ein anhaltender Anstieg. Möglicherweise wird man beim Anstieg zum höchsten Punkt der Wanderung (1450 m) von Wolken und Nebel eingehüllt. Unser Weg schwenkt in ein Seitental und führt dann wieder in das Orotava-Tal zurück. Es bieten sich gute Ausblicke auf die zergliederte Felsgruppe Los Organos. Später öffnet sich der Blick auf die Küste.

Die hohe Luftfeuchtigkeit ist auffallend. An wolkigen Tagen sind alle Pflanzen mit Tau benetzt, was eine interessante Erscheinung bewirkt. Die mächtige Kanarische Kiefer spielt für das Ökosystem eine sehr bedeutende Rolle. Der vorherrschende Passatwind führt Wolken auf die nördlichen Hänge zu, die hier auskondensieren. Über das Jahr gemessen ergibt diese Tropfkondensation 2000 Liter pro m^2! Das ist erstaunlich, wenn man

Kanarische Kiefer

46 Landschaften auf Teneriffa

bedenkt, daß der durchschnittliche Niederschlag durch Regen nur etwa 500 Liter pro m² ausmacht. Kein Wunder, daß man kahle oder durch Abtragung freiliegende Gebirgshänge sofort aufforstet, um hierdurch eine stetige Ergänzung der Wasservorräte der Insel sicherzustellen (s.S. 40).

Während wir uns der Choza Almadi nähern (**3Std**), erfreuen uns die verschiedenen Brauntöne der gepflügten Felder weit unten sowie das Grün der sprießenden Pflanzen. Wir erreichen eine Kreuzung; die Schutzhütte steht unterhalb des Weges. Hier können wir Rast machen, ehe der Abstieg beginnt. Dann nehmen wir den ersten Weg nach links und gehen unterhalb der Hütte geradeaus bergab. Dieser Abstieg (gelegentlich durch *Sendero turístico*-Schilder markiert) ist so steil, daß man sich beim Gehen fast zurücklehnen muß. Über uns erheben sich mächtige alte Kiefern.

Fünfzehn Minuten unterhalb der Choza Almadi mündet unser Weg auf einen schmaleren Weg und führt weiter bergab. (Im Zweifelsfalle gehen wir stets geradeaus bergab.) Nach knapp zehn Minuten weiteren Abstiegs stoßen wir in einer weitgezogenen Biegung auf einen Weg. Wir folgen der Wegbiegung eine Minute und biegen dann nach links ab. Nach fünf Minuten erreichen wir die Cruz de las Lajitas (**3Std30Min**). Dieser Aussichtspunkt ist auf Seite 50 abgebildet. Er hat eine gewisse religiöse Bedeutung; für alle sichtbar, steht am Rande des Bergkamms ein 10 m hohes, weißes Metallkreuz (eventuell ist es inzwischen umgefallen). Links befindet sich ein kleiner weißer, mit Blumen überschütteter Heiligenschrein. Auf der ganzen Wanderung bieten sich wunderbare Ausblicke, aber von diesem Standpunkt aus genießen wir die umfassendste Sicht auf das Orotava-Tal.

Bald erreichen wir eine weitere Lichtung; wir nehmen den linken Erdweg, der direkt bergab führt. Fünf Minuten weiter bergab verzweigt sich dieser Weg (1100 m Meereshöhe), und wir biegen wiederum nach links. Knapp zehn Minuten später stoßen wir auf einen weiteren Weg und halten uns abermals links. Nach zwei Minuten (1000 m Meereshöhe) halten wir uns an der Verzweigung rechts. (Diese neue Route ist auf der Karte mit Pfeilen markiert. Der auf der Karte grün dargestellte Weg ist an dieser Stelle mit einem x markiert; er ist sehr stark überwuchert, und es gibt keinen Wegweiser. Falls man einen guten Orientierungssinn besitzt und sich nicht daran stört, überwucherten Pfaden und Wegen zu folgen, kann man es mit der auf der Karte grün dargestellten Wanderroute versuchen. Sie ist *noch* begehbar; man erspart sich 2,5 km auf dem Forstweg, kommt wieder an der 5Std-Stelle der Wegbeschreibung heraus und folgt hier der Straße nach links.)

Gut zehn Minuten später halten wir nach einem links abzweigenden Pfad Ausschau. (Etwa 100 m *vor* diesem Pfad steht eventuell ein Wegweiser »TM Santa Ursula«.) Der Pfad liegt direkt hinter einer freistehenden Kiefer und setzt sich auf

La Caldera • El Topo • Almadi • Pino Alto • La Florida 47

der gegenüberliegenden Wegseite ansteigend fort. Wir gehen diesen Pfad hinab. Nach knapp zehn Minuten Abstieg erreichen wir einen Querweg, dem wir nach links folgen. Fünf Minuten später stoßen wir erneut auf den Hauptweg und folgen ihm nach links. Nun halten wir uns stets auf diesem Hauptweg; er setzt sich schließlich asphaltiert fort.

Wir folgen dieser Straße und halten uns nach 10 Minuten an der Verzweigung links. Dann (**5Std**) passieren wir einen Schrein, der sich am Straßenrand befindet. Zwei Minuten später kann man eventuell rechts (direkt hinter einem Haus mit einen hohen freistehenden Palme im Garten) den auf der Karte verzeichneten Abkürzungspfad nach Pino Alto hinabgehen; falls er jedoch zu stark überwuchert ist, müssen wir weiter der Straße folgen.

Pino Alto kommt in Sicht, nurmehr wenige Gehminuten entfernt. Dieses typisch kanarische Dorf liegt hoch über dem Tal und bietet einen hervorragenden Ausblick. Wir erreichen eine Querstraße, wo es eine gute Aussichtsterrasse gibt — ideal für eine Verschnaufpause und um die Umgebung zu betrachten. Dann folgen wir der Straße nach links. Nun ist es nicht mehr weit; wir können eine langsamere Gangart einlegen und das schattige Sträßchen hinabschlendern. Die Steilwand erhebt sich schützend hinter dem Dorf, und weiter unten bedecken Weingärten das Land (hier wird Weißwein angebaut).

Nach einem steilen Abstieg, dann einem leichten Gegenanstieg erreichen wir am Ortseingang von La Florida eine Querstraße (**6Std**). Hier liegt die Bushaltestelle. Weiter bergab kommen auf der linken Straßenseite zwei Bars. Die C821 erreicht man 15 Minuten nach rechts; hier gibt es bessere Busverbindungen.

5 LA CALDERA • PEDRO GIL • CHOZA EL TOPO • AGUAMANSA

Karte Seite 52-53; Fotos Seite 49 (oben), 51 (unten), 60 (oben)
Entfernung/Gehzeit: 12,5 km/5Std35Min
Schwierigkeitsgrad: ziemlich anstrengender Aufstieg über 400 Höhenmeter und Abstieg über 500 Höhenmeter. *Für unerfahrene Wanderer nicht geeignet*, da hinter Pedro Gil **Schwindelgefahr** besteht (an vielen schwindelerregenden Stellen gibt es allerdings ein Geländer).
Ausrüstung: feste Schuhe oder Wanderstiefel, Sonnenhut, warmer Pullover, Anorak, Regenschutz, Proviant, Getränke
Anfahrt: 🚌 345 von Puerto zur Haltestelle La Caldera (Fahrplan 2); Fahrzeit 1Std05Min
Rückfahrt: 🚌 345 von Aguamansa nach Puerto (Fahrplan 2); Fahrzeit 1Std
Kürzere Wanderung: La Caldera — spektakulärer Abgrund — La Caldera: 9 km; 4Std15Min; Schwierigkeitsgrad und Ausrüstung wie oben; **Schwindelgefahr**. Der Hauptwanderung 2Std15Min folgen, dann auf demselben Weg zum 🚌 345 zurückkehren.

Haben Sie sich je gefragt, was oberhalb von »Los Organos« liegt? Diese Wanderung führt uns zu Gipfeln hinauf, in denen sich die Wolken fangen. Zwischen diesen zerklüfteten Felsen verbergen sich Abgründe mit üppigem Pflanzenwuchs.

Unsere Wanderung beginnt an der Caldera (Picknick 5a). Wir gehen **zunächst** an der Bar vorbei und nehmen die erste Linksabzweigung. Auf diesem breiten Schotterweg (Foto Seite 60 oben) erreichen wir eine Stelle, an der Wegweiser Richtung »Pedro Gil/Chimoche« und zum »Camino a Candelaria« stehen (**10Min**). Wir folgen hier dem breiten Erdpfad hinter einem Steinmännchen (Wanderung 4 setzt sich auf dem Weg fort). Die drei kleinen Kreuze, an denen wir vorbeikommen, geben diesem Pfad seinen Namen: Camino de las Crucitas (»Weg der Kreuze«). Am Ende des Pfades stehen ein Heiligenschrein und Eukalyptusbäume, und wir kommen auf einer kleinen Hangverflachung namens Pedro Gil heraus (**35Min**).

Hier überqueren wir einen Weg und folgen dem Pfad (mit Markierungspfosten Nr. 4 gekennzeichnet) geradeaus bergauf. Die Route verzweigt sich gelegentlich und schlängelt sich den Hang hinauf. Die Seitenansicht der Organos (»Orgelpfeifen«) und der östlichen Steilwand ist beeindruckend. Kaum zu glauben, daß unsere Wanderroute an diesen Felswänden emporführen wird! Schließlich (**55Min**) zweigt rechts ein Pfad ab; wir jedoch halten uns links. Einige Minuten später (**1Std**) biegen wir an einer größeren Verzweigung (mit Markierungspfosten Nr. 5 gekennzeichnet) nach links. (Wanderung 6 führt hier nach rechts Richtung La Crucita.) *Auf den nächsten fünfzig Minuten sind einige Abschnitte des Pfades äußerst schwindelerregend.* Wir gehen um den Hang herum, und schon bald fallen Hunderte

Greenovia aurea

Rosa-blühende Zistrosen (Cistus symphytifolius) säumen den Abschnitt zwischen Pedro Gil und der Los Organos-Abzweigung; diese Landschaft ist für die Wanderungen 2, 4, 5, 6 und 7 typisch.

der kleinen Rosetten *(Greenovia aurea)* auf, die sich an den Fels klammern. Hier gedeiht auch eine Pflanze mit samtenen grau-grünen Blättern — *Sideritis oroteneriffae*, das »kanarische Edelweiß«.

Wir kommen an einer senkrechten Felswand vorbei, über die zur feuchten Jahreszeit Wasser heruntertropft (**1Std 15Min**). Nun verlassen wir die Hangseite, auf der auch die Choza Chimoche steht, und steigen oberhalb der Organos auf. Wir kommen an einem Aussichtspunkt mit Geländer auf einem Felsvorsprung vorbei (**2Std**), und gelangen alsbald in eine steil abfallende Schlucht, umgeben von jähen Gipfeln. Geländer helfen, das Schwindelgefühl zu bekämpfen. Schließlich erreichen wir das Ende der Schlucht (**2Std15Min**). *Auf der kürzeren Wanderung macht man hier kehrt.*

An klaren Tagen genießt man bald (**2Std20Min**) einen

Wanderung 3 auf dem Weg nach La Florida: der Weingarten unterhalb der strohgedeckten Hütte ist mit Kohl unterpflanzt.

Blick von der Cruz de las Lajitas auf das Orotava-Tal (Wanderung 4)

schönen Blick auf die Forellenzucht von Aguamansa. Hinter diesem Aussichtspunkt führt der Pfad nach Osten weiter. Im Zickzack geht es auf und ab, über scheinbar unzugängliches Gelände hinweg. Wir biegen in ein mächtiges, tief in die Steilwand eingeschnittenes Tal ein (**2Std30Min**); hier müssen wir eventuell über einen Erdrutsch klettern. Nach Verlassen des Tals treten wir in einen Wald stattlicher Kiefern ein.

Nach einigen Minuten im Wald müssen wir **aufmerksam auf unsere Linksabzweigung achten**. Diese Abzweigung müßte mit einem Markierungspfosten Nr. 11 und einem Pfeil gekennzeichnet sein; diese Markierungspfosten sind jedoch stellenweise verschwunden. Diese sehr wichtige Abzweigung dürfen wir **nicht verpassen**, da der Pfad, der sich nach rechts fortsetzt, nach einer halben Stunde *unbegehbar* wird und durch *möglicherweise gefährliches Gelände führt*. Unser absteigender Pfad führt auf einen großen Felsbuckel zu; unmittelbar vor Erreichen des Felsbuckels steigen wir über teilweise felsige Stufen hinab. Sobald wir uns unterhalb der Felsen befinden, halten wir geradeaus (leicht links) nach der größten Kiefer Ausschau. Hinter diesem mächtigen Baum wird unser Pfad deutlicher; er verbreitert sich zum unscheinbaren Weg.

Wir kommen auf einem Querweg heraus (**3Std20Min**), dem wir nach links bergab folgen. Nach einer knappen Stunde Abstieg gehen wir an der Weggabelung rechts weiter. Fünf Minuten später gehen wir an einer Rechtsabzweigung vorbei. Gegenüber der Choza El Topo (**4Std30Min**; Picknick 4) stoßen wir auf einen Querweg, der rechts zur Choza Almadi (Wanderung 4) führt. Wir gehen jedoch rechts hinter der Schutzhütte den Pfad hinab; er verbreitert sich zum Weg. Knapp zehn Minuten nach der Schutzhütte biegen wir rechts auf einen Pfad (der Weg setzt sich nach links bergab fort). Es bietet sich ein freier Ausblick über das gesamte Tal bis hinab zum Meer. Nach weiteren zehn Minuten biegen wir an einer

Wanderweg an der Choza Almadi (Wanderung 4)

Kreuzung auf den *zweiten* Weg nach links. Er führt sehr steil zur Choza Perez Ventoso bergab (**5Std**; Picknick 5b). Hier *halten* wir uns rechts (biegen jedoch nicht unmittelbar nach rechts) und folgen einem Feldweg auf eine Betonhütte zu. An Steinmauern entlang, die sorgsam kultivierte Felder begrenzen, gelangen wir zu einer Kreuzung (**5Std05Min**); links in der Steinmauer befindet sich ein Heiligenschrein. Kakteen, Geranien und Chrysanthemen gedeihen am Straßenrand. Im Hintergrund steht ein putziges Häuschen. (Gegenüber dem Heiligenschrein führt Wanderung 3 nach Pinoleris hinab.)

Wir biegen nach links auf das unten abgebildete Sträßchen. Einige Minuten später halten wir uns an einer Gabelung rechts. In Aguamansa (**5Std30Min**) folgen wir der Dorfstraße nach links; der kurze steile Anstieg führt uns zur C821 und der Bushaltestelle (**5Std35Min**).

Blick von Aguamansa auf den Pico del Teide (Wanderung 3, 5; Picknick 5b; Autotour 1)

52 Landschaften auf Teneriffa
Wanderungen 1-5 (sowie 6 und 7)

Wanderung 1 beginnt an der Forellenzucht und verläuft westwärts nach Benijos und zur C821.

Wanderung 2 beginnt an der Forellenzucht, führt halb um die Caldera herum und steigt zur Choza Chimoche an; die Rückkehr nach Aguamansa erfolgt auf einem anderen Weg.

Wanderung 3 beginnt an der Bushaltestelle von Aguamansa und führt nordwärts nach La Florida.

Wanderung 4 beginnt an der Caldera, folgt einem Weg unterhalb von Los Organos und steigt zur Choza Almadi auf, ehe es nach La Florida hinabgeht.

Wanderung 5 beginnt an der Caldera, verläuft auf einem Pfad oberhalb von Los Organos und steigt über die Choza Perez Ventoso nach Aguamansa ab.

Diese Karte zeigt auch den Anfang von Wanderung 6 und den letzten Abschnitt von Wanderung 7:

Wanderung 6 folgt 40 Minuten dem Verlauf von Wanderung 5; dann biegt Wanderung 5 nach links ab, während Wanderung 6 nach rechts weitergeführt und oberhalb des Choza Chimoche-Pfades ansteigt, bevor sie ostwärts nach La Crucita schwenkt.

Wanderung 7 führt zur Choza Chimoche und folgt dann Wanderung 2 (entgegengesetzt) zur Caldera.

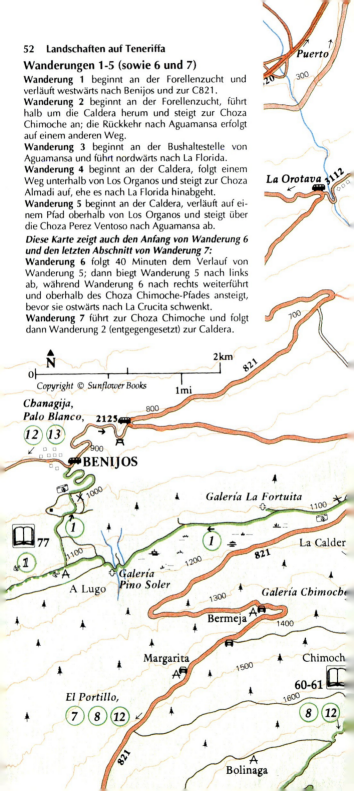

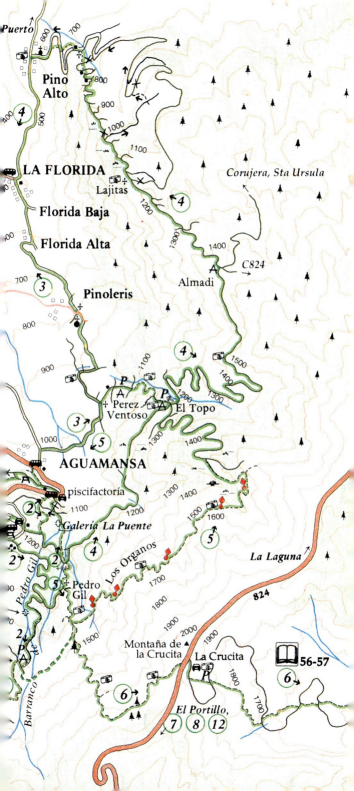

6 DER CANDELARIA-WEG: LA CALDERA • LA CRUCITA • ARAFO

Bis La Crucita die Karte auf Seite 52-53 benutzen, von La Crucita bis Arafo die Karte auf Seite 56-57. Siehe auch Fotos Seite 49 (oben), 60 (oben)

Entfernung/Gehzeit: 12,5 km/6 Stunden

Schwierigkeitsgrad: sehr anstrengend; ein steiler Aufstieg (800 Höhenmeter) und ein steiler Abstieg über Schotter (1500 Höhenmeter)

Ausrüstung: Wanderstiefel, Sonnenhut, warmer Pullover, Anorak, Regenschutz, lange Hose, Trillerpfeife, Proviant, Getränke

Anfahrt: 🚌 345 von Puerto zur Haltestelle La Caldera (Fahrplan 2); Fahrzeit 1Std05Min

Rückfahrt: 🚌 121 von Arafo nach Santa Cruz (nicht im Fahrplan aufgeführt); Abfahrt Arafo jeweils Viertel vor bis 19:45 Uhr (mo-fr stündlich; sa/so/feiertags alle *zwei* Stunden); Fahrzeit 50Min; *umsteigen* in den 🚌 102 nach Puerto (Fahrplan 1); Fahrzeit 1Std

Kurzwanderung: La Caldera — Pedro Gil — Choza Chimoche — La Caldera: 5,5 km; 2Std25Min; leichter bis mittelschwerer Auf-/Abstieg über 300 Höhenmeter; Ausrüstung wie oben, aber feste Schuhe sind ausreichend. Mit Blick auf die Karte auf Seite 52-53 folgt man der Hauptwanderung zur Verzweigung, die man nach einer Stunde erreicht. Genau oberhalb dieser Verzweigung, unterhalb der großen Kiefer, biegt man rechts auf einen Pfad. Der Pfad endet am Barranco de Pedro Gil (1Std20Min). Ab hier den Forstweg zwei Minuten zur Choza Chimoche hinabgehen. Um zur Caldera zurückzukehren, der Wegbeschreibung von Wanderung 7 ab der 5Std20Min-Stelle (Seite 60) folgen.

D iese Wanderung folgt einem alten Wallfahrtsweg. Ursprünglich begann der sogenannte Candelaria-Weg in La Orotava. Er führt über die schroffen Steilwände des Zentralmassivs und schlängelt sich dahinter schier endlos zum Meer hinab. Heute ist das Gebiet zwischen Arafo und Candelaria so stark verbaut, daß die wenigen Wallfahrer, die diese Wanderung noch unternehmen, ihre Reise in Arafo beenden — genau wie wir. Die Virgen de Candelaria ist die Schutzpatronin Teneriffas; alljährlich am 14./15. August wird Mariä Himmelfahrt gefeiert. Die lange, jedoch sehr lohnende Wanderung bietet ausgezeichnete Rundblicke und führt zu versteckten Winkeln von großartiger Schönheit.

Zunächst folgen wir Wanderung 5 **eine Stunde** bis zum Markierungspfosten Nr. 5. Hier biegt Wanderung 5 nach links; wir gehen *rechts* weiter. Nach einer knappen Minute Anstieg biegt der Hauptpfad ab, um an der rechten Seite des Bergrückens entlangzuführen. Wir verlassen ihn hier! An dieser Stelle befinden wir uns genau unterhalb einer großen Kiefer; wir gehen links von der Kiefer weiter den Hang hinauf. *(Die Route der*

Blick von der Hauptstraße bei La Crucita (Picknick 6, Autotour 5) auf die Montaña de las Arenas

Der Candelaria-Weg

Kurzwanderung führt über den rechten Pfad zur Choza Chimoche.)

Der Aufstieg wird steiler; durch den spärlichen Kiefernbestand kommt das Tal besser in Sicht. Eine halbe Stunde nach der letzten Abzweigung blicken wir in einer Biegung auf einen kahlen Barranco, der in zarten Farbschattierungen erstrahlt. Unmittelbar darauf verläuft unser Pfad kurz entlang einer senkrechten gezackten Felswand. Hier beginnt sich die Pflanzenwelt zu ändern: die kleinen Büsche des »kanarischen Edelweiß« (*Sideritis oroteneriffae*) werden heller, wo die samtenen Blätter dem Sonnenschein ausgesetzt sind. Dürrer *Escobón* und *Retama* beherrschen die Hänge. Der Pfad ist so farbenfroh, daß man die weiten Ausblicke auf die Landschaft leicht vergißt.

Die ertragreichen Grünflächen von La Orotava sind beim Aufstieg stets sichtbar. Schließlich (**2Std15Min**) verläuft unser Pfad geschützt zwischen einer niedrigen Felswand und einer Kieferngruppe. Ein verblaßter Pfeil auf der Felswand weist auf einen Durchlaß. Ab hier sehen wir den weiteren Verlauf unseres Pfades, der quer über den Steilhang führt. Unsere nächsten Orientierungspunkte sind ein weiterer Fels, auf dem etwas geschrieben steht, und ein weißer Pfeil, der nach links weist. Der Pfad steigt steil zwischen Felsen und über Steine an. Wir erreichen einen guten Aussichtspunkt (**2Std40Min**) und schauen über die Wand, die den Bergrücken abschirmt. Bald sehen wir vor uns oben die Hauptstraße nach La Laguna (C824).

Wir erreichen La Crucita ((**3Std**; 1980 m Meereshöhe; Picknick 6). Von hier an geht es nur noch bergab. Wir steigen über die südliche Steilwand ab, überqueren die Straße, gehen 50 m nach rechts bergab und biegen auf einen Forstweg. Weit unten liegt das abgelegene Tal, das wir nun ansteuern. Die mächtige schwarze und kahle Anhöhe Las Arenas versperrte

56 Landschaften auf Teneriffa

den Zugang zum Tal. Es bietet sich der wunderbare, auf Seite 54-55 abgebildete Blick: dunkle Hänge, auf denen verstreut Kiefern stehen, fallen zur Küstenebene mit ihren mosaikartigen verwaschenen Braun- und Grüntönen ab. In der Ferne erstreckt sich das Meer.

Nach dreiminütigem Abstieg auf dem Weg (siehe untenstehende Karte) zweigt unser Pfad nach links ab und führt über loses Geröll den Steilhang hinunter; wir kommen nur im Schneckentempo voran. Nach einigen Minuten stoßen wir auf den Weg und folgen ihm 10 m nach links bergab, um dann rechts die Fortsetzung unseres Pfad zu finden. Bald geht es wieder in Kiefernwald zurück, wo *Codéso* und Geißklee gedeihen. Wir gelangen erneut auf den Weg; 20 m bergab sehen wir links in einer Biegung den Pfad. Er schlängelt sich zwischen Bäumen hindurch und ist nicht mehr so leicht auszumachen. Aber der bedauerliche Anblick achtlos weggeworfenen Abfalls zeigt, daß wir noch auf dem richtigen Weg sind. Solange linkerhand eine flache Schlucht in Sichtweite bleibt, stimmt unsere Route.

Wir überqueren erneut den Weg und nehmen den Pfad etwas weiter links unten auf. Der Pfad verläuft sich bald; unser Abstieg setzt sich links einer nicht sehr ausgeprägten Hangfalte fort. Bei der nächsten Überquerung des Weges finden wir die Fortsetzung unseres Pfades abermals einige Meter nach links bergab. Ein großer Felsbrocken, auf dem einige Steine liegen, kennzeichnet den Einstieg. Nach einer Minute bergab betreten wir einen flachen Barranco, steigen darin einige Minuten ab und gehen dann aus der Schlucht heraus und auf den Kamm hinauf. Wir halten uns dann stets auf der linken Kammseite.

Bald gehen wir über feine schwarze Schlacke. Die Umrisse der abgerundeten vulkanischen Anhöhe Las Arenas, die zwischen den Bäumen auftauchen, passen so gar nicht in das Landschaftsbild. Schließlich (**4Std15Min**) stehen wir davor. Nicht weit unten verläuft der Weg, auf den wir nach kurzer Zeit erneut gelangen. Wir folgen ihm etwa eine Minute bergab, um ihn in der nächsten Biegung zu verlassen und rechts quer über die Schlacke zu gehen. Wir gelangen wiederum auf den Weg und verlassen ihn nach zwei Minuten: genau hinter einem Metalltor nehmen wir den

Der Candelaria-Weg 57

schmalen Pfad (mit einem orangefarbenen Punkt auf einem Stein markiert) und halten uns entlang der Schlucht. (An dieser Stelle entfernt sich der Weg etwas nach rechts von der Schlucht.) Am Horizont ist Gran Canaria erkennbar. Weit unten liegt Arafo, unser Ziel. Die umgebende Landschaft ist von faszinierender Schönheit; in der schwarzen Schlacke wachsen lediglich gekrümmte und verkrüppelte Kastanienbäume.

Dann stoßen wir in einer Biegung erneut auf den Weg (**4Std20Min**) und folgen ihm nach rechts. Nach zehn Minuten erreichen wir eine schlichte steinerne Schutzhütte, die von Wallfahrern besucht wird. Um auf den Pfad zurückzukehren, gehen wir zur Wegbiegung genau unterhalb der Schutzhütte und nehmen den schmalen Pfad, der links bergabführt; er läuft zum Hauptpfad zurück. Wir verlassen die Wüstenlandschaft; Büsche und Sträucher umgeben uns.

Das Strauchwerk wird schließlich von kanarischem Kiefernwald abgelöst, und uns begegnen einige stolze alte Baumriesen. Der Pfad teilt sich und führt wieder zusammen. Wir gehen an einem kaum erkennbaren Pfad vorbei, der links abzweigt, und wandern geradeaus bergab. Kurz darauf überqueren wir einen Hang. Knapp fünf Minuten später biegen wir rechts auf einen Pfad ab. Nach einer Minute Abstieg überqueren wir einen alten Kanal. Fünf Minuten danach erreichen wir den Waldrand. Schmale Pfade führen nach rechts und nach links, wir jedoch gehen geradeaus zwischen halbverfallenen Steinmauern weiter. Rechterhand liegen überwucherte Felder. Einige Minuten weiter unten begleitet uns ein kleiner Wasserkanal ein Stück des Weges. Ein zweiter Kanal schließt sich einige Minuten später an, und wir betreten ein Weinanbaugebiet. Dann mündet unser Pfad auf einen Weg (**5Std20Min**).

Nun gehen wir stets *geradeaus bergab* — egal, ob Pfad, Weg oder Straße, bis wir Arafo erreichen (**5Std45Min**). Hier stoßen wir auf ein Asphaltsträßchen, dem wir nach rechts folgen. Es führt zwischen Häusern hindurch; an der Straßenverzweigung biegen wir nach links. Wir kommen an einem winzigen Brunnen, Sitzbänken und bunten Blumenkübeln vorbei. Die erste Rechtsabbiegung führt uns auf den Hauptplatz (**6Std**), wo der Bus auf uns wartet.

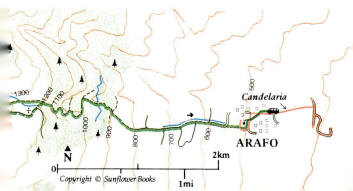

7 EL PORTILLO • CORRAL DEL NIÑO • CHOZA CHIMOCHE • LA CALDERA

Entfernung/Gehzeit: 17 km/6Std20Min
Schwierigkeitsgrad: mittelschwer; ein Aufstieg über 250 Höhenmeter zu Beginn der Wanderung und ein ziemlich steiler Abstieg über 1000 Höhenmeter
Ausrüstung: feste Schuhe, Sonnenhut, dicken Pullover, Anorak, Regenschutz, Proviant, Getränke
Anfahrt: 🚐 348 von Puerto nach El Portillo (Fahrplan 5); Fahrzeit 1Std20Min
Rückfahrt: 🚐 345 von La Caldera nach Puerto (Fahrplan 2); Fahrzeit 1Std05Min
Kurzwanderung: El Portillo — Corral del Niño — El Portillo: 9 km; 3Std30Min; leichter Aufstieg und Abstieg über 250 Höhenmeter *auf einer Straße*; Ausrüstung wie oben. 🚐 348 (wie oben) für die An- und Rückfahrt

Eine Hügellandschaft mit bilderbuchmäßigen Vulkanen und sanftschimmernden Hängen sowie das gelegentliche Zwitschern von Singvögeln tragen zum besonderen Reiz dieser Wanderung bei. Fast zwei Stunden lang auf einer Asphaltstraße zu laufen, hört sich für den Anfang einer Wanderung nicht sehr einladend an. Die C824 ist jedoch (außer am Wochenende) keine stark befahrene Straße. Die überwältigende Schönheit der Landschaft nimmt uns aber so gefangen, daß uns das bißchen Verkehr gar nicht auffällt.

Vor dem Restaurant von El Portillo **geht es los:** wir folgen

Mit Bartflechten (Usneaceae) behangene Kiefern auf dem Weg von der Choza El Topo zur Choza Almadi (Wanderung 4). Diese Landschaft ist für viele Inselwanderungen typisch.

Blick von der Cruz de Fregel auf den Teide (Wanderung 12; nahe Wanderung 7, Picknick 12b sowie Autotour 1 und 5)

der Straße C824 ostwärts Richtung La Laguna. Als erster markanter Orientierungspunkt taucht links die Montaña Alta auf. Wir gehen an dem schmalen Schotterweg vorbei (**15Min**), der zur Schutzhütte (Picknick 7a) auf diesem Vulkan führt. Am Straßenrand blühen im Frühjahr die *Margarita del Teide*, *Retama* und das kanarische Leinkraut. Die Straße steigt 250 Höhenmeter vom Portillo zum Corral del Niño an, der knapp außerhalb des Riesenkraters liegt. Die sanftgewellte Landschaft hier unterscheidet sich deutlich von den zerklüfteten Cañadas (Wanderung 8). Während wir weiterwandern, tritt der Teide hinter uns ganz in Erscheinung; an wolkenlosen Tagen bieten sich weite Ausblicke auf das Orotava-Tal.

Unmittelbar vor dem Schild »Corral del Niño« (knapp **2Std**), *wo die Kurzwanderung kehrt macht,* biegen wir links auf einen breiten Weg ab. Er führt uns in ein wogendes Farbenmeer. Die Sonnenstrahlen heben die versteckten Farbtöne hervor, und es ist, als würden wir eine Farbpalette überqueren. Wir steuern die Kiefern weit unten an. Kiesige Vulkanschlacke (siehe Foto Seite 64) bedeckt einen Großteil der Gegend; vulkanische Hügel erheben sich gleich riesigen Ameisenhaufen.

Schließlich erreichen wir die Choza J. Ruiz de Izaña (**3Std**). Gegenüber der Schutzhütte und über den Forstweg hinweg folgen wir einem Pfad. Zwei Minuten später gelangen wir wieder auf den Forstweg und folgen ihm nach links. Nach knapp einer Minute (etwa 75 m) biegen wir rechts auf einen Pfad (durch ein Steinmännchen markiert), der von *Retama* gesäumt wird. Unterwegs tauchen *Sendero turístico*-Schilder auf. Bald kommt rechts die Montaña de Limón in Sicht, eine kleine vulkanische Anhöhe mit rötlichen Hängen.

Dann (**3Std20Min**) nähern wir uns dem Wald, der zaghaft mit kleinen verstreuten Kiefern einsetzt. Der Pfad führt in regel-

Nahe der Caldera erheben sich die »Orgelpfeifen« — Los Organos. Dieser Blick bietet sich von dem Forstweg, über den die Wanderungen 4, 5 und 6 führen.

Der Weg zwischen der Choza J. Ruiz de Izaña und der Choza Chimoche (Wanderung 7; nahe Wanderung 2 und Picknick 2).

mäßigen Kehren zu einem Weg hinab (**3Std40Min**), dem wir nach rechts folgen. Die Zweige des *Codéso* sehen wie Flaschenbürsten aus. Im Frühling beleben die leuchtendgelben Blüten dieses Strauches die Landschaft. Nach 20 Minuten Abstieg erreichen wir einen Querweg und gehen rechts weiter.

Wir verlassen schließlich den Weg (**4Std30Min**) und folgen dem rechten Pfad; ein kleiner Steinhaufen (rechts) und der Schriftzug »Cuevas de Limón« (links auf einem Steinmännchen) zeigen diese Stelle an. (Der Weg setzt sich nach links zur Choza Bolinaga und weiter zur C821 fort; nach sieben Minuten bergab kommt ein guter Aussichtspunkt.) Unser Pfad zur Choza Chimoche wird jetzt erheblich steiler. Ein weicher Teppich aus Kiefernnadeln bedeckt das Geröll. Wir überqueren einen Forstweg (**4Std50Min**) und finden die Fortsetzung unseres Pfades etwa 3 m nach rechts versetzt; ein Steinmännchen dient als Orientierungspunkt. Der Pfad führt steil bergab; er verläuft um eine weite Schlucht mit bewaldeter Talsohle. Es geht eine halbe Stunde steil im Zickzack zur Choza Chimoche hinunter (**5Std20Min**), wo wir auf einem Weg herauskommen.

Hier nehmen wir den Weg, der nach links schwenkt und

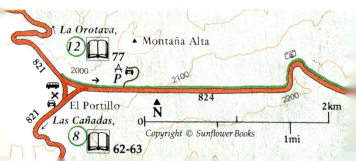

El Portillo • Choza Chimoche • La Caldera 61

hinter der Schutzhütte in eine kleine flache Senke hinabführt; ein Steinmännchen steht an dieser Abzweigung. Die idyllische Umgebung ist ideal für eine Rast. Der Weg führt an der Galería Chimoche vorbei (**5Std 35Min**). Etwa fünf Minuten später erreichen wir eine Weggabelung und wandern hier nach links weiter bergab. Wir kommen an einem Wassertank (linkerhand; **6Std**) sowie einer unscheinbaren Rechtsabzweigung vorbei. Wenige Minuten danach gehen wir an einem weiteren Wassertank vorbei. La Caldera ist nur noch einige Minuten entfernt.

Bei Erreichen der Asphaltstraße, die die Caldera umrundet, gehen wir links weiter. Nach etwa 20 m bergab biegen wir rechts (gegenüber einem breiten Weg) auf einen schmalen Pfad, der durch Baumheide absteigt. Binnen einer Minute gelangen wir zum Parkplatz und zur Bushaltestelle (**6Std20Min**). Falls wir auf den Bus noch etwas warten müssen, können wir zunächst die Bar/Gaststätte ansteuern.

8 LAS CAÑADAS

Siehe auch Fotos Seite 17, 66-67
Entfernung/Gehzeit: 18 km/4Std45Min
Schwierigkeitsgrad: leicht; kaum merklicher Anstieg über 200 Höhenmeter; kurzer Abstieg
Ausrüstung: feste Schuhe, lange *und* kurze Hose, Handschuhe, warme Pullover, Anorak, Regenschutz, Sonnenhut, Proviant, Getränke
Anfahrt: 🚌 348 von Puerto nach El Portillo (Fahrplan 5); Fahrzeit 1Std20Min
Rückfahrt: 🚌 348 vom Parador de las Cañadas nach Puerto (Fahrplan 5); Fahrzeit 2Std15Min
Variante: Parador — Cañada de la Grieta — Parador: 11 km; 4 Stunden; leichter Auf-/Abstieg über 100 Höhenmeter; feste Schuhe, Sonnenhut, Proviant, Getränke. Anfahrt und erste Hälfte des Hinwegs siehe Wanderung 11 auf Seite 72. Wanderung 11 eine Stunde bis zur Abzweigung für den Guajara-Aufstieg folgen und eine weitere Stunde auf dem Weg weitergehen.

Nur wenige Menschen hatten die Gelegenheit, auf dem Mond zu wandern. Unsere Tour bietet jedoch Gelegenheit zu einem besonderen Erlebnis, denn der gigantische Riesenkrater der Cañadas* kommt einer Mondlandschaft doch recht nahe.

Teneriffa ist seit Anbeginn vulkanisch aktiv. Tatsächlich wird das Antlitz der Insel im wesentlichen vom Vulkanismus, weniger den Kräften der Abtragung geformt. Die Wissenschaft ist sich bis heute nicht darüber einig, wie der Riesenkrater der Cañadas entstanden ist. Einerseits wird angenommen, daß es sich um einen Einsturzkrater handelt, der ursprünglich eine mächtige Erhebung bildete. Der Einsturz dieses Vulkanmassivs schuf den doppelten Krater, aus dem der riesige Cañadas-Kessel besteht: die westliche Seite unterhalb den Roques de García und die östliche bis El Portillo. Nach einer weiteren Theorie haben Abtragung und Verwitterung zur Entstehung eines großen Tals geführt, das sich nach Norden hin öffnete. Dieses Tal wurde später durch den Ausbruch des Teide und der benachbarten Chahorra ausgefüllt. Wie dem auch sei, der Krater entstand vor etwa 300.000 Jahren. Die jüngste vulkanische Tätigkeit liegt erst 200 Jahre zurück, als die Chahorra (Pico Viejo) ausbrach.

Die folgenden Zahlen mögen eine Vorstellung von den unglaublichen Ausmaßen der Cañadas geben: Der Durchmesser dieses Riesenkraters beträgt fast 16 km, der Umfang erstaunliche 45 km. Der Kraterrand wird von schroffen, unregelmäßig gezackten Wänden umgeben; höchster Gipfel ist die Montaña de Guajara (Wanderung 11), 500 m über dem Kraterboden,

*Cañadas sind eigentlich Schwemmebenen aus Sand und Schotter (siehe Foto Seite 64); im übertragenen Sinne bezeichnet der Name »Las Cañadas« auch den gesamten Riesenkrater, in dem diese Schwemmebenen liegen (siehe Foto Seite 66-67).

Las Cañadas

jedoch 2717 m über dem Meeresspiegel gelegen. Am Nordrand der Cañadas erhebt sich der majestätische Pico del Teide.

Die **Wanderung beginnt** an der Bar/Gaststätte von El Portillo. Wir gehen zunächst die Straße zum Parkplatz und ausgezeichneten Cañadas-Besucherzentrums hinauf. Auf der gegenüberliegenden Straßenseite beginnt ein Schotterweg, der uns sogleich in die schroffe, zerklüftete Landschaft der Cañadas führt. Hinter einer scharfen Linksbiegung halten wir uns an der Weggabelung rechts (**10Min**). Die Schranke gestattet Wanderern den Zugang zum Nationalpark. An dieser Stelle sind die Felswände auf der linken Seite noch recht unbedeutend, und es ist noch nicht ersichtlich, daß wir uns im Innern eines Riesenkraters befinden. Ebenmäßig geformte Schlackekegel sind ein Beweis jüngerer vulkanischer Tätigkeit. Die feinen Farbschattierungen der Cañadas erinnern an eine Wüstenlandschaft. Im Winter sind die Schwemmsandebenen häufig mit Schmelzwasser gefüllt.

Dann (**45Min**) führt der Weg näher an die Steilwände heran. Rechts wird

Piedras Amarillas (Picknick 11)

Retama und Kanarisches Leinkraut schmücken den Weg zur Cañada de la Grieta. Unterhalb der Montaña Blanca und des Teide fließen Lavazungen um die Schlackehügel (Wanderung 8, 9; Autotour 1).

die Montaña Mostaza sichtbar, ein ebenmäßig geformter Vulkankegel. Wir kommen an einer hohen weinfarbenen Felsformation vorbei (**1Std30Min**), die sich linkerhand erhebt. (Einige Minuten später gehen wir an einer Rechtsabzweigung vorbei.) Schließlich (**2Std**) taucht eine weitere interessante Felsformation auf. Jeder Felsen ist unverwechselbar und scheint ganz speziell für seinen Platz in diesen erodierten Anhöhen geschaffen worden zu sein. Mit den Schwemmebenen, die kleine Buchten zwischen diesen Anhöhen bilden, erinnern sie an japanische Gärten.

Nach Überschreiten eines kleinen Kamms (**2Std30Min**) erwartet uns ein überraschender Anblick: die weite kahle Schwemmebene der Cañada de la Grieta *(bis hierher führt die Variante)*. Kleine verfallene Viehställe stehen in geschützten Ecken und erinnern an die vergangenen Tage, als die Cañadas noch beweidet wurden. Die Gegend strahlt ein Gefühl unwirtlicher Öde aus, aber im Frühling bedeckt der Rote Teide-Natternkopf *(Echium wildpretii)* mit seinem hohen, kolbenförmigen Blütenstand die linke Hangpartie.

Auf dem letzten Wegstück hat uns der Blick auf die Montaña de Guajara (Foto Seite 72) begleitet, und wir gehen schließlich (**3Std45Min**) an der Stelle vorbei, wo der Aufstieg auf diesen hohen, oben abgeflachten Gipfel beginnt. Bald kommen die bizarr verwitterten Piedras Amarillas (»Gelben Steine«; Foto Seite 17) in Sicht. An dieser Stelle haben wir einen unübertrefflichen Ausblick auf die Westseite der Cañadas. Hinter diesen Felsen gelangen wir auf eine Asphaltstraße. Nach einer halben Minute können wir die Straße verlassen und rechts (direkt hinter einem Steinmännchen) einem Abkürzungspfad zum Parador folgen; er ist allerdings nicht ganz eindeutig im Verlauf. Nach fünf Minuten stoßen wir auf einen Weg, der zur Hauptstraße am Parador führt (**4Std45Min**).

9 EL TEIDE

Hinweis: Der Teide-Gipfel ist von Zeit zu Zeit für Besucher gesperrt; nähere Informationen an der Talstation der Seilbahn oder im Besucherzentrum.

Entfernung/Gehzeit: 8 km/6 Stunden *Aufstieg*; 17 km/10 Stunden *hin und zurück*

Schwierigkeitsgrad: *sehr anstrengender* Auf- und Abstieg über 1367 Höhenmeter; der Pfad ist jedoch in gutem Zustand. *Diese Tour ist sehr sorgfältig zu planen:* Zu den Schwierigkeiten, mit denen man rechnen muß, gehören die Höhenkrankheit und fehlende Wasserquellen am Wegesrand; außerdem können sowohl der Refugio de Altavista als auch die Bergstation der Seilbahn geschlossen sein. Sogar dann, wenn die Seilbahn morgens in Betrieb ist, kann es bei aufkommendem Wind passieren, daß der Fahrbetrieb eingestellt wird; in diesem Fall muß man wieder zu Fuß absteigen. Besondere Aufmerksamkeit ist der Wetterlage zu schenken. Der Sommer ist die beste Jahreszeit für den Aufstieg. Im Winter sollte man den Aufstieg niemals wagen, falls auch nur die *geringsten Anzeichen schlechten Wetters* zu sehen sind. Nachfolgend wird der Aufstieg zum Gipfel beschrieben; die Rückkehr erfolgt mit der Seilbahn. Der Aufstieg nimmt zwar die Lungen stärker in Anspruch, ist aber weniger anstrengend für die Beine als mit der Seilbahn hochzufahren, um dann zu Fuß abzusteigen. Im Idealfall beginnt man diese Tour mit einem Aufstieg zum Refugio de Altavista und übernachtet dort (nähere Informationen vorab beim Fremdenverkehrsbüro). Wenn man dann am frühen Morgen den restlichen Aufstieg (2Std40Min) bewältigt, erlebt man den Sonnenaufgang auf dem Gipfel. Anschließend kann man entweder mit der Seilbahn hinunterfahren oder wieder zu Fuß absteigen.

Ausrüstung: Wanderstiefel, warme Pullover, Anorak, Sonnenhut, Handschuhe, lange Hose, dicke Socken, Proviant, *reichlich Getränke*

An- und Rückfahrt: 🚌 348 von Puerto zur Montaña Blanca-Abzweigung und von hier wieder zurück (Fahrplan 5); Fahrzeit 1Std35Min. *Der durchschnittliche Wanderer kann die Tour nicht in so kurzer Zeit bewältigen, um sowohl für die An- als auch die Rückfahrt den Bus benutzen zu können. Man sollte sich daher von Freunden oder mit dem Taxi zum Ausgangspunkt bringen oder am Ende abholen lassen.*

Kurzwanderung: C821 — Montaña Blanca — C821: 7 km; 2Std40Min; mittelschwerer bis anstrengender Auf- und Abstieg über 400 Höhenmeter; Ausrüstung und Anfahrt wie oben. Der Hauptwanderung 1Std20Min folgen, dann den Gipfel der Montaña Blanca besteigen. Rückkehr auf demselben Weg.

Der Teide gehört zu den wenigen hohen Vulkanen, bei denen man den Aufstieg auf halber Höhe beginnen kann. Der Bus entlädt uns auf 2350 m Meereshöhe. Für den Aufstieg muß man außerdem kein Bergsteiger sein: von Anfang bis

Unterhalb des Teide-Gipfels am Rande eines kleineren Kraters

Ende gibt es einen leicht erkennbaren Pfad. Man muß jedoch absolut fit sein. Zu den Problemen, die unterwegs auftauchen können, gehört die Höhenkrankheit. Die ersten Anzeichen sind meist Übelkeit und Kopfschmerzen. Ein langsamerer Aufstieg mit häufigen Verschnaufpausen kann Linderung bringen; wenn aber die Krankheitszeichen anhalten, ist eine Umkehr geboten. Man beachte auch die obenstehenden Hinweise unter »Schwierigkeitsgrad«.

Der Teide ist das Ergebnis zahlreicher Vulkanausbrüche. Die Chahorra westlich des Teide war vermutlich für die bedeutendsten Eruptionen verantwortlich. El Pilón, der eigentliche Gipfel, ist noch aktiv. El Pilón erhebt sich über den älteren und viel größeren Krater der Rambleta, an deren Rand die Bergstation der Seilbahn steht.

Ausgangspunkt ist die Montaña Blanca-Abzweigung, wo auch der Bus hält. Wir folgen dem Weg zur Montaña Blanca hinauf. Uns umgibt eine öde, mit Schlacke und Bimsstein bedeckte Landschaft, die nur stellenweise durch zerklüftete Felsen unterbrochen wird (siehe Foto Seite 64). Nach etwa **20Min** haben wir die Wahl: wir können entweder auf dem Weg bleiben, um nicht gleich zu Beginn der Tour außer Atem zu geraten, oder aber eine Abkürzung nehmen, indem wir dem zweiten schmalen Pfad nach links folgen (anfänglich müssen wir über lose scharfkantige Schlacke aufsteigen). Etwa 25 Minuten später gelangen wir wieder auf den Weg und folgen ihm nach links bergauf. Unterwegs sollten wir uns immer wieder umdrehen, um die einzigartige Aussicht zu genießen. In den Cañadas liegen Erhebungen, die wie zerklüftete Schokoladenhügel aussehen. Deutlich zeichnen sich die Felswände ab, die den Rand des Cañadas-Riesenkraters bilden.

Wir erreichen den ehemaligen Parkplatz (2750 m; **1Std** bzw. **1Std20Min**, falls man auf dem Schotterweg geblieben

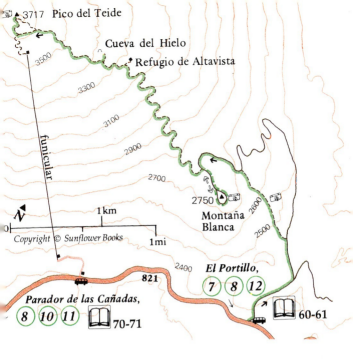

ist). Zum Gipfel der Montaña Blanca ist es nicht weit. Für die Gipfelstürmer unter uns, die auf den Teide wollen, beginnt jetzt der richtige Aufstieg. Ein großes Schild zum »Refugio de Altavista« weist auf ein halbverfallenes Gebäude, das wie ein Viehstall aussieht. Rechts davon beginnt unser Aufstieg. Dem sandigen Pfad ist sehr leicht zu folgen. Aus dieser Perspektive sieht die Flanke des Teide aus, als wäre sie senkrecht gespalten. Die linke Seite ist mit dunklem Lavafluß bedeckt, die rechte erscheint in hellem krustigen Bimsstein.

Schließlich sind wir am Refugio de Altavista (3270 m; **3Std20Min**). Diese Berghütte ist *normalerweise* zwischen 17 Uhr und 10 Uhr geöffnet. Unser Pfad führt links hinter der Hütte weiter bergauf; die Landschaft ist mit Steinen und Felsbrocken bedeckt. Nach einer halben Stunde Aufstieg von der Berghütte führt ein 15-minütiger Abstecher an einem Wegweiser »Cueva del Hielo« nach rechts zu einer großen Höhle. Eine federnde Metalleiter gewährt Zutritt zu dieser Höhle, doch ist *Vorsicht geboten*. In der Höhle sind viele Eiszapfen zu sehen. Wir kehren zum Hauptpfad zurück (**4Std20Min**); unten erhebt sich der sanftgeformte Vulkankegel der Montaña Mostaza (Wanderung 8). Stahlstangen entlang der Aufstiegsroute markieren den Weg zum Gipfel.

Blick vom Teide-Gipfel auf die Cañadas. In der Ferne erhebt sich Gran Canaria aus dem Wolkenmeer.

68 Landschaften auf Teneriffa

Wenn der Wind bläst, so ist seine Wirkung an dieser Stelle am stärksten. Man kann hier leicht umgeblasen werden. Rasch erreichen wir einen steingepflasterten Querweg, dem wir kurz nach rechts zu einem Aussichtspunkt folgen können. Der Aufstieg führt indes nach links (**5Std**) durch wildzerklüftete Felsen weiter. Nach kurzem Anstieg kommt die Bergstation der Seilbahn in Sicht. An einem Schild »Bitte auf dem Weg bleiben« stoßen wir auf den Pfad, der von der Seilbahn zum Gipfel führt. Aufsteigende Dampfwolken verraten versteckte Löcher im Boden. Schwefelgeruch zieht vorbei. Falls man kalte Hände hat, kann man sie über einem dieser dampfenden Löcher wärmen. Durch den Temperatursturz bilden sich kleine Kondensationstropfen, die zu Eis erstarren; wenn sie von Sonnenstrahlen erfaßt werden, sehen die Hänge aus, als wären sie mit Diamanten besetzt.

Schließlich (**5Std30Min**) bietet sich der auf Seite 65 abgebildete Ausblick auf einen kleinen Krater (80 m Durchmesser) direkt unterhalb des Teide-Gipfels. Ein Aufgebot von Pastellfarben umgibt uns hier, wie in einem Eiscafé: Pfirsich, Banane, Erdbeere, Mokka und Pistazie. An klaren Tagen sind von hier aus vier Inseln zu erkennen: Gran Canaria, La Gomera, El Hierro und La Palma.

Ein 20-minütiger Abstieg auf demselben Weg führt uns zur Seilbahn und einer Bar, wo man sich aufwärmen kann (**6Std**). Falls man weiter zu Fuß zurückkehren möchte, kann man fünf Minuten nach dem ehemaligen Parkplatz in einer sehr scharfen Spitzkehre rechts auf den Abkürzungspfad abbiegen, den man eventuell schon beim Aufstieg gegangen ist (**10Std**).

10 ROQUES DE GARCIA • CUEVAS DE LOS ROQUES • ROQUES DE GARCIA

Entfernung/Gehzeit: 4,5 km/2Std

Siehe auch Foto Seite 72

Schwierigkeitsgrad: gemächlicher Auf- und Abstieg über 200 Höhenmeter

Ausrüstung: feste Schuhe (Wanderstiefel sind besser), Sonnenhut, Pullover, Anorak, Regenschutz, Handschuhe, Proviant, Getränke

Anfahrt: 🚌 348 von Puerto zum Parador de Las Cañadas (Fahrplan 5); Fahrzeit 2Std15Min

Rückfahrt: 🚌 348 vom Parador nach Puerto (wie oben)

Um die Cañadas kennenzulernen, braucht man genügend Zeit, denn es gibt hier viel zu sehen. Diese kurze Wanderung führt in eine ruhige, weniger häufig besuchte Gegend der Cañadas. Unser Ziel sind Höhlen, die durch die Lavaströme verschiedener Vulkanausbrüche geschaffen wurden. Diese Höhlen, im ganzen sechzehn, liegen in einem Stricklava-Gebiet (auch *pahoehoe* genannt, siehe Foto Seite 70). Ein solcher Lavafluß besteht aus einem länglichen Strom verzerrter, wellenförmiger Hügel und Mulden; Teile des Flusses sehen wie ein verdrehter Strick aus, daher der Name. Der Strickfluß bildet sich auf der dünnen Lavakruste, entweder durch Bewegung der flüssigen Lava darunter, oder aber durch ein Verrutschen der Kruste, falls sich der Lavastrom vor einem Hindernis staut. Hier oben ist jedoch die Blocklava (»A-A«) vorherrschend: große schlackenreiche Massen zerklüfteter und zackiger Felsen.

Vom Parador gehen wir **zunächst** zu den Roques de García (Picknick 10) hinüber; sie liegen jenseits der Hauptstraße, fünf Minuten entfernt. Bevor wir zu den Höhlen aufbrechen, sollten wir es nicht versäumen, vom Mirador einen Blick auf die Cañada Llano de Ucanca zu werfen. Der mächtige zerklüftete Fels, der sich vor uns aus der Cañada erhebt, heißt La Catedral. Dann steigen wir rechts Stufen zu den Roques de García hinauf; es bietet sich ein guter Blick auf diese Reihe erodierter Felsformationen.

Für den ersten Abschnitt der Wanderung müssen wir nur darauf achten, uns stets rechts von dieser Reihe erodierter Felsen zu halten. Nach fünf Minuten führt unser breiter Pfad durch

Die sonderbaren Felsformationen der Roques de García mit dem Teide im Hintergrund (Wanderung 10, Picknick 10, Autotour 1).

Während wir uns den Roques Blancos nähern, tritt Stricklava auf. Nach einem hawaiischen Wort wird sie auch als pahoehoe bezeichnet. Über solche Lavamassen, die wie Rührteig aussehen, wandern wir zu den Cuevas de los Roques.

Retama weiter (links des Pfades, der zum ehemaligen, jetzt geschlossenen Toilettenhaus führt).

Zwischen einem zerklüfteten Lavarücken (rechts) und den Roques de García (links) verengt sich der Pfad (**30Min**). Bald danach fallen zwei zerklüftete Felsen auf, die sich rechts erheben (knapp **35Min**). *Wir sollten uns diese Felsen einprägen, da sie uns später als Orientierungspunkt dienen werden.*

Während wir uns den Roques Blancos nähern, den letzten Felsen der Roques de García, treten erste Stricklava-Partien auf. Die Torre Blanca (der »Weiße Turm«) ist ein freistehender Felshorst (**45Min**). An dieser Stelle besteigen wir den leicht erkennbaren Stricklavafluß. Wir lassen die Torre Blanca hinter uns und wandern auf der Mitte des Lavastroms direkt hinauf. Unsere Route folgt dem Lavastrom; auf seiner linken Seite sind weiße Farbmarkierungen sichtbar. Alle Höhlen öffnen sich aus diesem Lavastrom heraus. Sie entstanden, als sich die Kruste beim Abkühlen verhärtete, während die darunterliegende Lava weiterfloß. Nachdem diese Lavaströme erstarrten, hinterließen sie ein weitreichendes Tunnel- und Höhlensystem.

Nach etwa zehn Minuten Anstieg auf dem Lavastrom halten wir nach einem Steinmännchen auf einem Lavahügel Ausschau. Die erste Höhle liegt unmittelbar links davon, ein Stückchen unterhalb, und ist mit der Nummer 5 markiert (**1Std05Min**). Diese Höhle liegt in derselben Richtung wie die Torre Blanca. Sie ist ziemlich klein, und man muß sich durch ihre Öffnung hineinzwängen. Ein Gang verschwindet ins Dunkle. Zackige kleine Felsspitzen hängen wie Stalaktiten von der Höhlendecke herab. Nach etwa fünf Minuten Anstieg erreichen wir die nächste Höhle; sie liegt etwas rechts von der ersten Höhle. Wie zuvor zeigt ein

Roques de García • Cuevas de Los Roques

Steinmännchen die Stelle an. Es ist eine der größeren Höhlen, die sich rund 1000 m in den Hang hinein erstreckt. Die Höhlen sind gar nicht so leicht zu finden, da sie nicht beschildert sind und es keine markanten Orientierungspunkte gibt. Falls man Schwierigkeiten hat, sie aufzufinden, sollte man auf den Weg zurückschauen, über den man heraufkam. Man erkennt dann die zuvor erwähnten beiden kleinen Felsen. Als nächstes suche man die Kapelle neben dem Parador. Um die genaue Lage der zweiten Höhle auszumachen, muß die Kapelle genau zwischen den beiden Felsen liegen. Eine weitere Höhle liegt hinter der zweiten, und direkt oberhalb dieser beiden, nur drei Minuten entfernt, versteckt sich eine weitere Höhle.

Wir nähern uns dem Beginn des Lavastroms. Die letzte Höhle, eine der großen, ist nicht weit; sie liegt links oben (**1Std15Min**). Eine Öffnung im Boden gewährt Einlaß. An windigen Tage eignet sich der offene hintere Abschnitt der Höhle als Picknickplatz und Solarium. Der Teide erhebt sich nun ganz in unserer Nähe, und die Guajara ragt erhaben aus der Kraterwand hervor.

Wir kehren über den Hinweg zurück; die Route ist eindeutig und unkompliziert, solange uns kein Nebel einhüllt. Sollte dies der Fall sein, so halten wir uns stets auf der linken Seite des Lavastroms (mit Blick bergab). An den Roques de García vorbei geht es zur Hauptstraße und Bushaltestelle zurück (**2Std**).

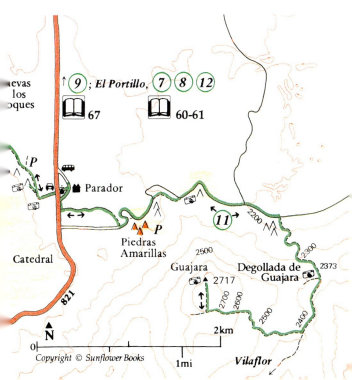

11 MONTAÑA DE GUAJARA

Karte Seite 71; siehe Fotos auf Seite 17 und 63
Entfernung/Gehzeit: 13 km/5Std
Schwierigkeitsgrad: mittelschwerer Aufstieg und *etwas rutschiger Abstieg über 600 Höhenmeter; nicht bei wechselhaftem Wetter unternehmen.*
Ausrüstung: feste Schuhe (Wanderstiefel sind besser), Sonnenhut, Pullover, Anorak, lange Hose, Handschuhe, dicke Socken, Proviant, Getränke
An- und Rückfahrt: 🚌 348 von Puerto zum Parador de las Cañadas (Fahrplan 5); Fahrzeit 2Std15Min
Kürzere Wanderung: Parador — Degollada de Guajara — Parador: 8,5 km; 3Std10Min; leichter bis mittelschwerer Auf- und Abstieg über knapp 250 Höhenmeter; Anfahrt/Ausrüstung wie oben. Der Hauptwanderung 1Std40Min folgen; auf demselben Weg zurückkehren. Karte auf Seite 71.

Die Guajara ist mit 2717 m der dritthöchste Gipfel auf Teneriffa. Dieser leichte, einfache Aufstieg bietet ausgezeichnete Ausblicke auf den Riesenkrater der Cañadas. Während wir den Bergrücken der Guajara ersteigen, enthüllt sich weit unten im Dunst die südliche Küstenebene.

Ausgangspunkt ist der Parador. An der Kapelle vorbei gehen wir zur Hauptstraße und folgen ihr 50 m nach links (Süden), bis wir links auf einen Schotterweg abbiegen können. Wir folgen ihm, bis er sich verläuft (**10Min**). Nun schwenkt unsere Route nach rechts, und wir wandern auf einem Pfad am Fuße eines Geröllhangs entlang; Steinsetzungen dienen der Orientierung. Nach einigen Minuten erreichen wir eine Asphaltstraße, der wir nach links folgen. Binnen einer Minute gehen wir durch eine Schranke, die von einem Befahren des Weges in die Cañadas abhält. Direkt vor uns erhebt sich die faszinierende, rosa- bis gelbfarbene Felsformation der Piedras Amarillas (»Gelbe Steine«; Picknick 11; Foto Seite 17). Danach kommt die erste, kleine Cañada (Schwemmsandebene; siehe Foto Seite 64) dieser Wanderung. Wir durchqueren eine weitere Cañada (**35Min**); rechts sehen wir kegelförmige Felsen. Von dieser Stelle aus bietet sich der beste Blick auf die Guajara. Diese Felsbastion auf dem Kraterrand erhebt sich 500 m über den Kraterboden.

Blick von den Roques de García auf die Guajara. Die Schneekapelle und die Piedras Amarillas sehen winzig aus (Picknick 10, Wanderung 11, Autotour 1).

Montaña de Guajara

Gelbe Flechten, die wie Farbkleckse aussehen, bedecken die oberen Felswände. Im Frühling ergänzen die roten, bis 3 m hohen Blütenstände des Roten Teide-Natterkopfs *(Echium wildpretii)* das Bild.

Der Ausgangspunkt (**1Std**) für unseren Aufstieg ist nicht sehr offensichtlich. Diese Rechtsabzweigung kommt ungefähr 70 m hinter einer Wegbiegung, an der sich eine aufsteigende Felswand erhebt — kurz nach einer Linksabzweigung. Der einzige Orientierungspunkt ist ein Steinmännchen am rechten Wegesrand. Der ansteigende Pfad selbst ist leicht erkennbar und mit weißen Pfeilen, Farbpunkten und (dichter am Gipfel) mit Nummern markiert, die mit 22 beginnen.

Wir erreichen die Paßhöhe der Degollada de Guajara (2373 m) auf dem Kraterrand (**1Std40Min**) und genießen einzigartige Ausblicke. Die ineinanderfließenden Schattierungen dieser Landschaft bilden den stärksten Eindruck. Ein Metallpfosten und mehrere Markierungen auf den Felsen kennzeichnen diesen Paß; *auf der Kurzwanderung macht man hier kehrt.*

Wir lassen den schmalen Pfad, der am Paß rechts abzweigt, unbeachtet. Ein roter Pfeil weist uns den Weg unterhalb blasser Felshänge aus Bimsstein entlang, die sich rechts erheben. Gran Canaria sieht von hier aus erstaunlich nahe aus. Nach kurzem Anstieg gabelt sich der Pfad (**1Std55Min**). Ein roter Pfeil weist nach rechts zur Guajara, ein weißer Pfeil links nach Vilaflor*. Eventuell ist hier auch ein Metallpfosten zu sehen. Wir wandern nach rechts weiter bergauf. Unsere Route folgt jetzt einem erodierten Wasserlauf. Stellenweise bieten die Farbmarkierungen die einzige Orientierung. Nach wenigen Minuten Aufstieg sehen wir rechts einen großen Fels mit zwei Farbpunkten, der uns als Bestätigung dient. Wir passieren die Nummer 8 unseres »Countdowns« (**2Std30Min**). Der Aufstieg verflacht sich, wo er über den mit *Retama* und *Codéso* bewachsenen Hang führt. Hier setzt der Pfad von Zeit zu Zeit aus, so daß man sich an den (meist weißen) Farbmarkierungen orientieren muß.

Allmählich taucht der Teide auf, und oben auf dem Gipfel der Guajara angelangt (**3Std**; durch einen Betonpfosten gekennzeichnet), erblicken wir ihn schließlich in voller Größe. Eine kleine Steinumfriedung bietet an windigen Wintertagen einen guten, geschützten Picknickplatz. Der Rundblick vom Gipfel der Guajara ist nur mit dem Ausblick vom Teide vergleichbar; eigentlich haben wir von der Guajara sogar die bessere Sicht auf die Cañadas.

Der Pfad für den Rückweg beginnt etwas links der Steinumfriedung. Der Abstieg ist viel leichter, aber auf dem rutschigen Abschnitt über Bimsstein sollten wir uns Zeit lassen (**5Std**).

---

*Der Pfad nach Vilaflor führt an der berühmten »Mondlandschaft« vorbei. Diese Wanderung ist im Begleitbuch *Landschaften auf Gomera und Südteneriffa* beschrieben.

12 EL PORTILLO • PIEDRA DE LOS PASTORES • GALERIA ALMAGRE Y CABEZON • CHANAJIGA • PALO BLANCO

Entfernung/Gehzeit: 14,5 km/4Std   Siehe auch Foto Seite 59
Schwierigkeitsgrad: mittelschwerer bis anstrengender Abstieg über 1450 Höhenmeter; einige Abschnitte sind sehr steil und *bei Nässe gefährlich*.
Ausrüstung: feste Schuhe (Wanderstiefel sind besser), Pullover, Anorak, Sonnenhut, Regenschutz, Proviant, Getränke
Anfahrt: 🚌 348 von Puerto nach El Portillo (Fahrplan 5); Fahrzeit 1Std20Min
Rückfahrt: 🚌 347 von Palo Blanco nach La Orotava (Fahrplan 10); Fahrzeit 30Min; *umsteigen* in den 🚌 350 nach Puerto (Fahrplan 3); Fahrzeit 30Min
Kurzwanderung: El Portillo — Choza Cruz de Fregel — El Portillo; 7 km; 2Std15Min; leichter Ab- und Aufstieg über insgesamt knapp 200 Höhenmeter; Ausrüstung wie oben, aber feste Schuhe genügen. Mit dem 🚌 348 (wie oben) von El Portillo zurückfahren. Der Hauptwanderung 1Std05Min folgen und auf demselben Weg zurückkehren.

Diese Wanderung besteht aus drei ausgesprochen schönen Abschnitten: der Vulkanlandschaft am Fuße des Teide, einer Schwemmsandebene und den üppiggrünen Wege, die nach Chanajiga hinabführen.

Die Busfahrt nach El Portillo hinauf führt an der berühmten Margarita de Piedra vorbei, einem mächtigen Basaltblock in der Form eines Gänseblümchens (Zeichnung Seite 12). Wahrscheinlich sind auch große Haufen aus Kiefernnadeln am Straßenrand zu sehen, die dort zur Abholung bereitliegen; sie dienen als Polster- und Verpackungsmaterial für Bananenstauden.

Wir verlassen den Bus an der Haltestelle El Portillo und gehen auf der Straße zum Cañadas-Besucherzentrum (geöffnet 9-16 Uhr) hinauf, wo unsere **Wanderung beginnt**. Zunächst folgen wir dem schön angelegten Pfad (siehe Foto gegenüber), der — wenn wir auf das Gebäude blicken — links daran vorbeiführt. Nach zwei Minuten stoßen wir auf einen Pfad und gehen links weiter, auf den Teide zu. Fünf Minuten später halten wir uns an einer Verzweigung rechts. Nach zehn Minuten gehen wir an einer Rechtsabzweigung vorbei. Die parkähnliche Landschaft (Picknick 12b) endet schließlich (**25Min**); wir gelangen auf einen holprigen schmalen Weg, dem wir nach rechts folgen. An dieser Stelle haben wir einen schönen Blick nach links auf den Roque del Peral. Im weiteren Wegverlauf lassen wir alle Abzweigungen unbeachtet.

Das Landschaftsbild ändert sich, sobald wir unerwartet in eine Schwemmsandebene hinabwandern. Wir fühlen unter unseren Sohlen, daß es jedoch nicht nur Sand ist, wie es zunächst den Anschein hatte (**55Min**). Wir haben die Cañada de los Guancheros entdeckt. Fußabdrücke und Fahrspuren verraten, daß andere Besucher schon vor uns hier waren. Wir überqueren die Cañada und halten uns dabei nahe der

El Portillo • Chanajiga • Palo Blanco 75

rechten Felswand. Nach fünf Minuten, hinter einem Felsen, der aus der Wand hervorragt, steigen wir auf einem Pfad am Hang zu einer kleinen Kieferngruppe auf, die dichtgedrängt in einem Sattel rechts von der Fortaleza stehen. Hier steht die Choza Cruz de Fregel (**1Std05Min**; Foto Seite 59). Drei Holzkreuze befinden sich in einem kleinen Heiligenschrein an diesem Picknickplatz; unter den Kiefern stehen Tische, Bänke und Grillstellen.

Hier folgen wir dem rechten Forstweg. Wir gehen an einer Abzweigung vorbei, die nach links ansteigt, nehmen jedoch den *nächsten* Forstweg, der links abzweigt; *Sendero turístico*-Schilder dienen der Bestätigung. Dieser Forstweg ist größtenteils zu holprig zum Befahren. Nach zehn Minuten Abstieg überqueren wir eine Schleife unseres ursprünglichen Weges. Zehn Minuten später kreuzen wir abermals diesen Weg. Wir gehen geradeaus weiter bergab und lassen den Forstweg unbeachtet, der neben uns verläuft.

Auf der Westseite dieses Bergrückens erreichen wir eine breite Brandschutzschneise (**1Std50Min**), die nach La Corona (oberhalb Icod el Alto gelegen) hinunterführt (Wanderung 13). An dieser Stelle gelangen wir auf einen Weg, der von rechts

Der Pfad durch die parkartige Landschaft zur Cañada de los Guancheros (Picknick 12b, Autotour 1 und 5)

heranführt, und gehen durch die unregelmäßige Schneise bergab. Es bieten sich eindrucksvolle Ausblicke auf das gesamte Orotava-Tal.

Wir erreichen einen kleinen, reizenden Heiligenschrein (**2Std10Min**). Zehn Minuten später sind wir an der Choza Piedra de los Pastores. Diese »Schäferstein-Schutzhütte« ist indes verschwunden, lediglich ein Tisch und eine Bank sind verblieben. Hier zeigen Wegweiser in alle Richtungen. Wir biegen rechts auf den Weg zur »Fuente de Mesa/Portillo«. Dieser Weg ist in sehr gutem Zustand, jedenfalls befahrbar. Rechterhand erstreckt sich Wald in verschiedenen Grüntönen; zur Küste hin fällt terrassiertes Kulturland ab. Nach 15 Minuten auf diesem Weg biegen wir links auf einen schmalen Pfad ab. Es gibt *keine Orientierungspunkte* an dieser Abzweigung, aber sie kommt etwa 50 m hinter den breiten Parkbuchten, die beiderseits des Weges liegen. Wir folgen diesem Pfad bergab. Baumheide, einige Kiefern und moosbedeckte Felsen sorgen für frische Grüntöne. Auf diesem steilen und rutschigen Abstieg ist Vorsicht geboten.

Wir kommen auf einem Forstweg heraus (**2Std50Min**) und erblicken die Galería Almagre y Cabezón (s.S. 40). Die blühenden Sträucher und Blumenrabatten machen diese Galería zum idealen Picknickplatz — solange die Wasserpumpe nicht läuft! Es gibt sogar einen Tisch mit Bänken. Der Wasserstollen öffnet sich vor einer felsigen Böschung.

Hier am unteren Ende des Pfades, über den wir gerade abgestiegen sind, folgen wir dem linken Forstweg. Wir gehen an einer Rechtsabzweigung vorbei, die zur »Zona Recreativa Chanajiga/Cruz de Luís/Aguamansa« beschildert ist. Dahinter müssen wir *aufmerksam* auf unsere Rechtsabzweigung achten; sie kommt etwa 20 Minuten nach der Galería. Ein wabenförmig erodierter Fels, an dem ein gelbes *Sendero turístico*-Schild angebracht ist, macht uns auf diesen Pfad nach Chanajiga aufmerksam. Der Duft der Kiefern und die alten verlassenen Gebäude am Wegesrand sorgen für Abwechslung. Wir erreichen einen alten Wasserlauf (**3Std 20Min**), der hier heiter vor sich hin plätschert. Er führt uns um eine üppiggrüne Biegung und direkt zum aufgelassenen alten Wasserstollen der Galería La Zarza.

An der ersten Linksabzweigung, die uns begegnet (**3Std 30Min**), biegen wir links ab und gehen zum Chanajiga-Picknickgebiet hinunter. Die malerische Umgebung mit den Holzbrücken, rustikalen Tischen und Bänken lädt zur Rast (Picknick 12a). Von hier nach Palo Blanco ist es noch etwa eine Stunde (**4Std30Min**); wir folgen der Wegbeschreibung von Wanderung 13 ab der 4Std-Stelle (Seite 79).

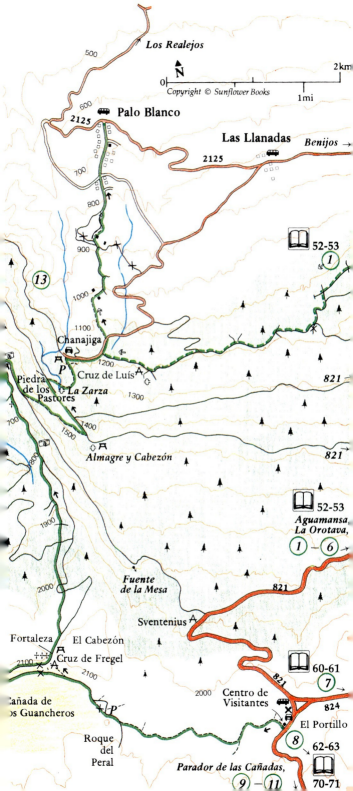

13 ICOD EL ALTO • LA CORONA • CHANAJIGA • PALO BLANCO

Entfernung/Gehzeit: 10,5 km/5Std (bzw. 5Std30Min bis Los Realejos)
Schwierigkeitsgrad: anstrengend; anfangs ein steiler Aufstieg über 700 Höhenmeter sowie ein steiler Abstieg über 600 Höhenmeter.
Ausrüstung: feste Schuhe (besser Wanderstiefel), Pullover, Anorak, Sonnenhut, Regenschutz, Proviant, Getränke
Anfahrt: 🚌 354 von Puerto nach Icod el Alto (Fahrplan 4); Fahrzeit 35Min
Rückfahrt: 🚌 347 von Palo Blanco nach La Orotava (Fahrplan 10); Fahrzeit 30Min; *umsteigen* in den 🚌 350 nach Puerto (Fahrplan 3); Fahrzeit 30Min

Kurzwanderung: Icod — Mirador El Asomadero — Icod: 6 km; 4Std; mittelschwerer bis anstrengender Auf-/Abstieg über 500 Höhenmeter. Der Hauptwanderung bis zur 2Std10Min-Stelle folgen; auf demselben Weg zum 🚌 354 nach Puerto zurückkehren.

Auf Wanderung 4 haben wir die östliche Seite des Orotava-Tals kennengelernt, auf dieser Tour erkunden wir den Westen. Die Ausblicke von diesem Panoramaweg reichen weit über die östliche Steilwand hinweg. Wir steigen über einen Bergrücken auf. Kurz vor Ende der Wanderung erwartet uns das reizende Picknickgebiet Chanajiga. Der Abstieg führt durch eine ländliche Gegend.

Auf der Busfahrt nach Icod haben wir Gelegenheit, einen riesigen Drachenbaum zu bewundern. Am Ortsrand von Los Realejos steht ein Exemplar auf der gegenüberliegenden Seite der Schlucht.

Nach der ersten Haltestelle in Icod el Alto, unmittelbar hinter dem Mirador de El Lance, drücken wir den Klingelknopf im Bus. Wir steigen an der *nächsten* Haltestelle aus, überqueren die Straße und gehen zum Buswartehäuschen hinab. 15 m dahinter gehen wir die breite Gasse zwischen Häusern hinauf (nur für Fußgänger). Sie mündet auf eine Straße, die von der TF221 steil heraufführt.

Unsere Wanderung führt anfänglich recht steil auf dieser Straße bergauf. Rasch lassen wir Icod hinter uns. Wir stoßen auf eine asphaltierte Querstraße und folgen ihr nach links. Nach knapp zehn Minuten sind wir an der Linksabzweigung zum Mirador de La Corona (**1Std**; Picknick 13). Hier gibt es auch einen Heiligenschrein sowie ein Restaurant. Die Sicht vom Belvedere bieten einen Vorgeschmack auf weitere Ausblicke, die uns noch erwarten. Dann geht es weiter den Bergrücken hinauf. Ein breiter staubiger Feld- bzw. Forstweg führt direkt bergauf. Alle Abzweigungen, die nach rechts über den Hang abführen, lassen wir unbeachtet. (Im Zweifelsfall halten wir uns stets am *Rande* des Bergrückens.)

An einer Wegkreuzung (**1Std20Min**) wandern wir geradeaus weiter bergan. Es geht eine überwucherte Brandschutzschneise hinauf, der wir die nächste Zeit folgen. Am Rande der Steilwand bieten sich unentwegt herrliche Ausblicke auf das Orotava-Tal. Wir stoßen auf einen Forstweg (**1Std40Min**;

Icod el Alto • La Corona • Chanajiga • Palo Blanco 79

900 m Höhe), der eine Biegung beschreibt und nach rechts schwenkt. Ein kleinerer Weg führt nach links um die Ostseite des Bergrückens herum. Wir halten uns zwischen diesen beiden Wegen und nehmen den nächsten Weg, der links abzweigt (dem verbliebenen Rest der Brandschutzschneise). Ein Stückchen weiter oben steht links ein Wassertank. Bald kommt rechts ein alleinstehendes Forsthaus in Sicht. Wir stoßen auf eine Biegung des Hauptforstweges (**2Std**) und verlassen ihn sogleich, indem wir links auf einen Weg abbiegen, der am Rande der Steilwand bergaufführt. (Der Hauptweg windet sich rechterhand durch Buschwerk bergauf.)

Am Mirador El Asomadero erwartet uns ein großartiger Ausblick (**2Std10Min**). Wir überblicken einen Flickenteppich aus Ackerterrassen im oberen Talbereich. Direkt vor uns liegt Palo Blanco, eine langgestreckte ländliche Siedlung, die am Schulhaus leicht erkennbar ist. *Die Kurzwanderung macht hier am Mirador kehrt.* Fünf Minuten später erreichen wir eine Kreuzung. Diese Kreuzung kommt etwa 20 m hinter einem Weg, der links abzweigt. (Dieser auf der Karte grün eingezeichnete Weg ist inzwischen überwuchert: ein X auf der Karte bedeutet »falscher Weg«.) Wir halten uns links bergauf. Drei Minuten später erreichen wir eine weitere Kreuzung, an der wir uns wiederum links halten. Wir stoßen erneut auf den Hauptweg und folgen ihm nach rechts bergauf. Ein paar Minuten später verlassen wir wieder den Hauptweg und wandern nach links bergan. Wir erreichen eine bedeutende Kreuzung, an der wir uns abermals links halten. Ab hier begleiten uns freie Ausblicke bis nach Chanajiga (**4Std**), wohin auch Wanderung 12 führt.

Um nach Palo Blanco zu gelangen, folgen wir der Schotterstraße 300 m bergab zu einer ausgeschilderten Kreuzung und biegen hier links auf eine Asphaltstraße. Nach etwa 100 m bergab sehen wir in einer Biegung links ein Steinmännchen. Wir biegen links von der Straße ab und folgen dem breiten steinigen Pfad bergab. Links oben ist der Weg erkennbar, der uns über den Berghang herunterführte (es ist der untere). Eine Minute nach zwei Betonschuppen gelangen wir auf einen geschotterten Feldweg, dem wir nach links bergab folgen. Über eine Wegkreuzung (**4Std25Min**) gehen wir geradeaus hinweg. Wir wandern stets direkt bergab. Dann (**4Std40Min**) biegen wir rechts auf eine betonierte Zufahrt. Der Weg setzt sich bald asphaltiert fort. Ein sehr steile Abstieg

Vom Mirador de La Corona erstreckt sich der Blick über das Orotava-Tal (Picknick 13; Abstecher auf Autotour 3)

führt uns durch eine ursprüngliche ländliche Gegend mit versteckten Innenhöfen, bunten Blumenrabatten, spielenden Kindern und bellenden Hunden. Wir gehen links am Schulhaus vorbei weiter zur Hauptstraße hinab (**5Std**). Gleich links oben befindet sich ein Laden, vor dem der Bus hält. Durch Palo Blanco kommen nur selten Busse. Falls man jedoch die Hauptstraße überquert und eine halbe Stunde weiter bergab wandert, kann man von Los Realejos einen Bus nach Puerto nehmen. (Bei Erreichen einer Straße mit Läden biegt man nach rechts und nimmt dann die erste Linksabzweigung; die Bushaltestelle kommt direkt hinter der Polizeistation.)

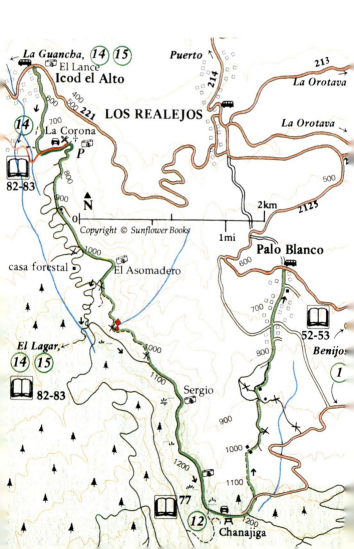

14 ICOD EL ALTO • EL LAGAR • LA GUANCHA

Entfernung/Gehzeit: 18 km/9Std05Min   Siehe auch Foto Seite 89
Schwierigkeitsgrad: sehr anstrengend und lang. Ein steiler Aufstieg über 1000 Höhenmeter zu Beginn und ein Abstieg über 1000 Höhenmeter gegen Ende der Wanderung. Um den anfänglichen Aufstieg zu vermeiden, kann man ein Taxi nach El Lagar nehmen und von hier mittels der Karte nach Icod wandern (also die Tour in umgekehrter Richtung unternehmen).
Ausrüstung: feste Schuhe (bei Nässe sind Wanderstiefel besser), Sonnenhut, Pullover, Anorak, lange Hosen, Regenschutz, Proviant, Getränke
Anfahrt: 🚌 354 von Puerto nach Icod el Alto (Fahrplan 4); Fahrzeit 35Min
Rückfahrt: 🚌 354 von La Guancha nach Puerto (wie oben)
Kürzere Wanderung: Icod el Alto — Brücke — Icod el Alto: 8 km; 6Std30Min; anstrengender Auf-/Abstieg über 800 Höhenmeter; Ausrüstung und Anfahrt wie oben; Rückfahrt mit derselben Buslinie. Der Hauptwanderung bis zur 4Std-Stelle folgen und auf demselben Weg zurückkehren.

Hohe, üppig bewachsene Terrassenhänge führen uns weiter hinauf in die Waldregion. Auf dieser Wanderung begegnen wir ganz bestimmt einheimische Inselbewohner... woher wir kommen und wohin wir gehen, wird man von uns wissen wollen. Und sollte ein vollbehangener Apfelbaum in der Nähe sein, so gehen wir wahrscheinlich mit prall gefüllten Taschen davon.

Nach der ersten Haltestelle in Icod el Alto, unmittelbar hinter dem Mirador de El Lance, drücken wir den Klingelknopf im Bus. Wir steigen an der *nächsten* Haltestelle aus, überqueren die Straße und gehen zu einem Buswartehäuschen (rechterhand) hinab. 15 m dahinter gehen wir die breite Gasse zwischen den Häusern hinauf (nur für Fußgänger). Sie mündet auf eine Straße, die von der TF221 steil heraufführt.

Unsere Wanderung führt anfänglich recht steil auf dieser Straße bergauf. Rasch lassen wir Icod hinter uns. Nach knapp **45Min** Gehzeit liegt rechts auf einem Hangausläufer ein kleiner Weiler. An dieser Stelle nehmen wir rechts den schmalen Pfad (etwa 20 m hinter dem letzten Haus in einer Straßenbiegung). Wir überqueren die Asphaltstraße (**55Min**), die zum Mirador La Corona führt, und gehen fast direkt gegenüber die steile Straße empor. Diese Straße setzt sich bald als Feldweg fort und verläuft auf einem Bergrücken entlang; fruchtbare Ackerterrassen säumen den Weg.

Nach 40 Minuten Anstieg erreichen wir eine verwirrende Wegverzweigung. Wir folgen dem unmittelbar rechten Weg, der auf ein alleinstehendes Bauernhaus zuführt. Nach einigen Minuten folgen wir links einem ansteigenden Weg auf das Haus zu (eine Abkürzung). Dann schließen wir uns wieder dem Hauptweg an, der ziemlich direkt zum La Guancha-Forstweg hinaufführt. Die Montaña de Taco ist von hier aus sichtbar. Dieser Vulkankegel erhebt sich aus der Küstenebene von Buenavista.

82 Landschaften auf Teneriffa

An klaren Tagen ist La Palma am Horizont zu sehen.

Beim Anstieg gehen wir an einem Weg vorbei, der rechts abzweigt. Zehn Minuten später kommen mehrere Abzweigungen. Wir wählen die dritte Linksabzweigung und wandern einen holprigen, nicht mehr benutzten Weg bergauf. Während der nächsten 20 Minuten gehen wir an zwei Abzweigungen

vorbei. Vor uns erhebt sich der Teide über den Kiefern; Baumheide verhüllt die umliegenden Hänge.

Wir stoßen auf den La Guancha-Forstweg (**4Std**) und folgen ihm nach rechts in einen besonders lieblichen Abschnitt des Waldes, wo es eine reizende Hochbrücke gibt. (*Die Kurzwanderung macht an dieser Stelle kehrt.*) Nun folgen wir diesem Weg an allen Abzweigungen vorbei. Wir überschreiten einen alten Wasserlauf; ab hier wandern wir an einem

Icod el Alto • El Lagar • La Guancha

großen Wasserrohr entlang, das dem Hauptweg folgt. Wir gehen an einer Rechtsabzweigung vorbei und dann geradeaus über eine Kreuzung hinweg (**4Std15Min**). Schließlich passieren wir einen kleinen, blumengeschmückten Heiligenschrein (**5Std40Min**). Gut fünf Minuten später gehen wir an einer Rechtsabzweigung vorbei.

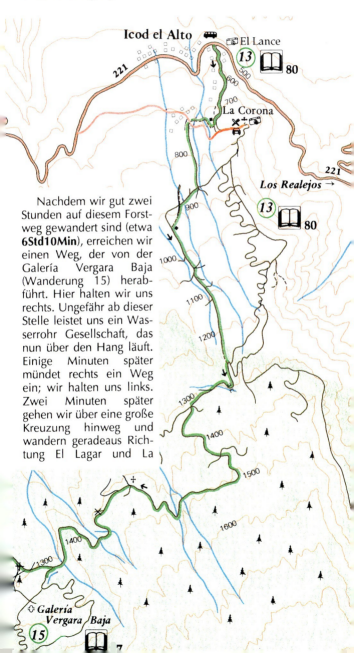

Nachdem wir gut zwei Stunden auf diesem Forstweg gewandert sind (etwa **6Std10Min**), erreichen wir einen Weg, der von der Galería Vergara Baja (Wanderung 15) herabführt. Hier halten wir uns rechts. Ungefähr ab dieser Stelle leistet uns ein Wasserrohr Gesellschaft, das nun über den Hang läuft. Einige Minuten später mündet rechts ein Weg ein; wir halten uns links. Zwei Minuten später gehen wir über eine große Kreuzung hinweg und wandern geradeaus Richtung El Lagar und La

Unterwegs vom Campamento Barranco de la Arena nach El Lagar (Picknick 14, Wanderung 14 und 15)

Guancha weiter. Wir erreichen den Campamento Barranco de la Arena, einen Camping- und Picknickplatz (**6Std25Min**).

Wir verlassen den Campingplatz und folgen dem Weg, der quer *durch* das Picknickgebiet führt (*nicht* jedoch dem Weg, der rechts des Geländes verläuft). Nach einigen Minuten verlassen wir es hinter einer Schranke und stoßen auf einen Weg, der von links heranführt. Wir überqueren den Weg; nach etwa 20 m (rechts) biegen wir auf den linken Pfad, der zwischen Felsen in den Kiefernwald hinabführt. Zehn Minuten später gelangen wir wieder auf den Weg, folgen ihm eine Minute bergab und biegen dann erneut auf unseren Pfad, der nach links in den Kiefernwald zurückführt. Wir wandern an unscheinbaren Abzweigungen vorbei direkt bergab. Von Zeit zu Zeit verlaufen der Weg und der Pfad parallel nebeneinander, und ein kleines Wasserrohr begleitet uns. Dann steigt der etwas zugewachsene Pfad am Hang eines Bergrückens an. Kurz darauf überqueren wir einen niedrigen Bergrücken; vor uns öffnet sich ein herrlicher Ausblick. Wenn wir uns umdrehen, sehen wir den Forstwachtturm und die Rückseite der Fortaleza (Wanderung 12). Der Pfad führt bergab und entfernt sich vom Wasserrohr. Zehn Minuten später bietet sich ein weiterer ausgezeichneter Ausblick, während unser Abstieg auf der linken Seite eines steilen Bergrückens beginnt. Über den Kiefern erhebt sich beherrschend der Teide. Nachdem wir schließlich wieder auf den Weg gelangen, folgen wir ihm nach links bergab und halten uns dann rechts.

Die Zona Recreativa El Lagar (**7Std40Min**; Picknick 14) liegt 100 m weiter unten. Ab hier folgen wir zunächst dem Weg ein kurzes Stück, doch dann wandern wir auf Holzfällerwegen zur wunderschön gelegenen Ortschaft La Guancha, die sich auf einem Bergrücken entlangzieht. Von El Lagar folgen wir zunächst dem Weg bergab. Nach acht Minuten Abstieg gehen wir an der Rechtsabzweigung nach San Juán/Los Realejos vorbei. Fünf Minuten später kommt eine weitgeschwungene Wegbiegung, und wir sehen einen Bergrücken, der nach links abfällt. Wir folgen dem Pfad, der auf diesem Bergrücken verläuft. (Falls man diese Abzweigung verpaßt, kann man 50 m bergab erneut auf den Pfad abbiegen.) Nach Überqueren des Forstweges finden wir unseren Pfad auf der gegenüberliegenden Seite. Einige Minuten später überqueren wir wiederum den Weg; der Pfad führt leicht nach rechts versetzt fort. Nach zwei Minuten überqueren wir abermals den Weg. Es geht weiter durch einen besonders schönen Abschnitt des Waldes (der Pfad ist hier etwas überwuchert). An einer Kreuzung verlassen wir erneut den Waldpfad: ziemlich genau an der Stelle, wo sich die beiden Wege kreuzen, führt unser Pfad wieder in den Wald (man muß eine kleine Böschung hinaufklettern). Es geht in eine flache Senke hinab. Am späten Nachmittag leuchten Sonnenstrahlen zwischen den dunklen Schatten auf.

Wir verlassen den schattigen Kiefernwald und überqueren den Weg in eine Kiefernbaumschule. Der Pfad geht in einen offensichtlich nicht mehr begangenen Weg über. Nach zehn Minuten Abstieg überqueren wir einen Weg. Hier biegen wir leicht nach links auf einen alten Forstweg; nach 10 m finden wir erneut unseren Pfad, der nach rechts bergabführt. Der Pfad mündet auf einen alten Weg. Das Plätschern schnellfließenden Wassers in einem Kanal kündet unsere nächste Wegkreuzung an. Wir wandern zwischen Bäumen und Moos bergab.

Wir stoßen auf eine Asphaltstraße (knapp **8Std30Min**), überqueren sie und wandern zwischen Kiefern und Baumheide weiter. Nach einem kurzen Stück auf diesem Weg gehen wir an dem links abzweigenden Pfad vorbei. Unterhalb einer Rechtsbiegung unseres Weges verläuft ein Kanal. Eine Minute später öffnet sich linkerhand eine kleine Lücke im dichten Pflanzenwuchs, die sich zum felsigen Pfad verbreitert und uns zu einem breiteren Pfad führt, der oberhalb bestellter Felder verläuft. Dichte Moospolster bedecken die schattigen Stellen dieses Pfads. Links hinter uns setzt sich der Wald bergab fort. Unten verläuft die Straße; die Ortschaft La Guancha liegt in der Nähe. Wir genießen letzte weite Ausblicke über die Kiefern hinweg auf das schimmernde Meer.

Nach etwa 15 Minuten Abstieg auf dem Pfad erreichen wir eine Verzweigung (**8Std45Min**). Ein malerisches Bild: zwei Bauernhäuser stehen oberhalb von Feldern auf dem Kammrücken. Wir gehen rechts das betonierte Sträßchen durch Weingärten hinab. Weiße Häusergruppen kommen in Sicht, die sich über die Steilwand erstrecken und die Hänge hinabreichen. Nach fünf Minuten Abstieg auf dem betonierten Sträßchen biegen wir in einer scharfen Kurve rechts auf einen Pfad (genau oberhalb eines großen runden Wassertanks). Wir halten uns rechts, erreichen einen Basketball-Platz und biegen links zur Asphaltstraße. Von hier können wir die Hauptstraße sehen, die durch das Ortszentrum führt. Um sie zu erreichen, gehen wir die Straße rechts hinunter und folgen der Querstraße nach links. Drei Minuten später steigen wir links über Stufen zur Hauptstraße hinunter und folgen ihr nach rechts. Nach 200 m erreichen wir die Bushaltestelle vor der Camara Agraria Local (**9Std05Min**).

15 CAMPAMENTO BARRANCO DE LA ARENA • CANAL VERGARA • EL LAGAR • LA VEGA

Siehe anfangs die Karte gegenüber, anschließend die Karte auf Seite 82-83 und zum Schluß die Kartenskizze auf Seite 88-89; siehe auch das Foto auf Seite 84

Entfernung/Gehzeit: 21,5 km/7Std10Min

Schwierigkeitsgrad: mittelschwer bis anstrengend. Ein anfänglicher Auf- und Abstieg über 200 Höhenmeter, ein weiterer Abstieg über 200 Höhenmeter sowie ein abschließender Abstieg über 500 Höhenmeter; die Wegstücke dazwischen sind eben, jedoch lang.

Ausrüstung: feste Schuhe oder Wanderstiefel, Sonnenhut, Pullover, Anorak, Regenschutz, Proviant, Getränke

Anfahrt: 🚌 354 von Puerto nach La Guancha (Fahrplan 4); Fahrzeit 45Min; dann 🚖 Taxi zum Campamento Barranco de la Arena

Rückfahrt: 🚌 360 von La Vega nach Icod de los Vinos (Fahrplan 8); Fahrzeit 35Min, oder 🚌 359 von La Vega nach Icod de los Vinos (nicht im Fahrplan aufgeführt): Abfahrt täglich um 14:00, 16:05, 17:30, 19:20; *umsteigen* in den 🚌 363 von Icod nach Puerto (Fahrplan 6); Fahrzeit 45Min

Kürzere Varianten:

1 Campamento Barranco de la Arena — Icod el Alto: 11,5 km; 4Std 10Min; mittelschwerer Aufstieg über 200 Höhenmeter, anschließend ein Abstieg über 1000 Höhenmeter; Ausrüstung und Anfahrt wie bei der Hauptwanderung; Rückfahrt mit dem 🚌 354 von Icod el Alto nach Puerto (Fahrplan 4); Fahrzeit 35Min. Die Karte auf S. 82-83 zur Orientierung benutzen (Wanderung 14 in umgekehrter Wegrichtung).

2 El Lagar — La Vega: 15 km; 4Std10Min; leicht bis mittelschwer; ein Abstieg über 500 Höhenmeter am Ende mit kurzen Anstieg nach La Vega; Ausrüstung, An-/Rückfahrt: s. Hauptwanderung (das Taxi jedoch in El Lagar verlassen). Der Hauptwanderung ab der 3Std-Stelle folgen.

3 La Guancha — El Lagar — La Guancha: 10 km; 4Std30Min; mittelschwerer bis anstrengender Auf-/Abstieg über 600 Höhenmeter; Ausrüstung und Anfahrt mit dem Bus wie oben; Rückfahrt mit derselben Buslinie. Siehe die Wegbeschreibung auf Seite 88.

4 Campamento Barranco de la Arena — Canal Vergara — La Guancha: 11,5 km; 4Std25Min; mittelschwerer Aufstieg über 200 Höhenmeter, anschließende ein Abstieg über 1000 Höhenmeter; Ausrüstung und Anfahrt wie bei der Hauptwanderung; Rückfahrt mit derselben Buslinie. Der Hauptwanderung zur 3Std-Stelle folgen, dann der Wegbeschreibung von Wanderung 14 ab der 7Std40Min-Stelle (Seite 84) folgen, um nach La Guancha zurückzukehren.

Vom schönen Campingplatz Barranco de la Arena (siehe auch Wanderung 14) führt unsere Tour zunächst durch herrlichen Kiefernwald und über Felskämme zur Galería Vergara Alta (1500 m Meeresspiegel) hinauf. Die Galería Vergara Alta ist seit den frühen fünfziger Jahren in Betrieb und versorgt über den angeschlossenen Kanal einen Großteil des Südens der Insel mit Wasser. Dieser Wasserstollen dringt 3500 m tief in den Berg ein, und man gräbt noch weiter.

Wir verlassen das Taxi am Campingplatz und suchen **zunächst** einen abgedeckten betonierten Wasserkanal, der ungefähr in Nord/Süd-Richtung oberhalb des Weges verläuft. Wir folgen ihm links entlang einige Meter bergauf. Bald erreichen wir einen deutlich erkennbaren, von Steinen gesäumten Pfad, den wir bergauf gehen. Nach 10 Minuten Anstieg stoßen wir auf einen Forstweg, dem wir nach rechts folgen. Wir kommen an der Galería Vergara Baja vorbei

(**25Min**). Knapp 10 Minuten nach diesem Wasserstollen, unmittelbar hinter der zweiten Wegbiegung, folgen wir links dem schmalen Pfad. Nach fünf Minuten Anstieg stoßen wir erneut auf den Weg. Wir wandern entlang des links verlaufenden, ziemlich großen Rohrs. In einer Biegung folgen wir dem Rohr in die Baumheide hinein. Nachdem wir wieder auf den Weg gelangten, klettern wir in derselben Biegung eine niedrige Böschung empor und gehen auf einem Pfad weiter. Wir stoßen erneut auf den Weg; die Fortsetzung unseres Pfades liegt 30 m bergauf und führt in den Pflanzenwuchs zurück. Eine Minute unterhalb des Canal Vergara (**50Min**; er liegt unmittelbar rechts des Weges) ist er noch nicht erkennbar; er taucht erst auf, nachdem wir ihn fast erreicht haben. Ein kleiner Betontank zeigt die Stelle an. Der Kanal teilt sich hier nach La Guancha und dem Süden. (Hinweisschilder untersagen ein Begehen des Kanals, um eine Beschädigung der Betonplatten zu vermeiden.) Wir wandern weiter bergauf zur Galería Vergara Alta (**1Std**).

Ab hier kehren wir auf demselben Weg zum Campingplatz zurück (**1Std45Min**) und folgen dann dem Weg nach El Lagar. (Diese Route wird in Wanderung 14 beschrieben; siehe die Wegbeschreibung und Karte ab der 6Std25Min-Stelle, Seite 82-83.)

Ab El Lagar (**3Std**; Kartenskizze Seite 88-89) nehmen wir den Weg vor dem Forsthaus und folgen ihm nach Westen. Wir halten uns **zweieinhalb Stunden** auf diesem Weg und lassen alle Kreuzungen bzw. Abzweigungen unbeachtet. Der dichte Kiefernwald gestattet kaum Ausblicke, aber der aromatische Kiefernduft ist eine Wohltat. Unsere Wanderroute verläuft mehr oder weniger auf gleichbleibender Höhe (etwa 1100 m) bis zur Las Abiertas-Abzweigung (**5Std30Min**).

88 Landschaften auf Teneriffa

Hier biegen wir nach rechts (links geht es nach San José de los Llanos). Nach fünf Minuten Abstieg gehen wir an einer Rechtsabzweigung vorbei. Etwa 20 Minuten nach der Verzweigung stoßen wir auf eine Straße und gehen direkt bergab. Etwa 20 Minuten später erreichen wir eine Straße, die von rechts heranführt, und biegen links auf sie ein. Sie führt zur Straße zwischen La Montañeta und Icod hinab (**6Std40Min**). Man könnte hier einen Bus anhalten, wir jedoch gehen links nach La Vega hinauf und erreichen schließlich die erste Bar der Ortschaft (linkerhand; **7Std10Min**). Hier an der Kreuzung, gegenüber einem kleinen Supermarkt, hält der Bus.

Variante 15-3: von La Guancha nach El Lagar (und zum Campamento Barranco de la Arena); siehe Karte Seite 82-83

Der Bus von Puerto hält nicht weit hinter der Tankstelle (rechts) in La Guancha. Nach Verlassen des Busses überqueren wir die Straße. **Hier beginnt unsere Tour**: Etwa 200 m bergauf steigen wir einige von Blumentrögen gesäumte Stufen empor, halten uns oben rechts und gehen bergauf. Fünf Minuten später biegen wir erneut nach rechts. Nach einigen Minuten auf dieser Straße bergan befinden wir uns unterhalb eines Sportplatzes. Wir folgen der Auffahrt zu diesem Gelände. Rechts vom Sportplatz beginnt hier unser Pfad. Wir folgen ihm bergauf, bis wir auf einen betonierten Fahrweg gelangen, den wir nach links bergauf gehen. Dort, wo er nach links schwenkt, biegen wir rechts auf einen Pfad. Wir gehen diesen Pfad direkt bergauf (*nicht* rechts abbiegen!). Nach einer Minute halten wir uns rechts, wo der schmale Pfad links abzweigt. 20 Minuten später folgen wir dem schmalen Pfad, der rechts abzweigt. Nach einer Minute mündet er auf einen nicht mehr benutzten Weg, dem wir nach rechts zu einer Asphaltstraße folgen. Wir überqueren sie und gehen geradeaus den gepflasterten Weg hinauf. Unser Weg führt geradeaus *über* den Forstweg *hinweg* (jetzt nicht mehr asphaltiert). An der nächsten Stelle, wo wir den Weg kreuzen, gehen wir zwischen jungen Kiefern leicht links bergan. Etwa 20 Minuten später kreuzen wir ihn erneut: unsere Wanderroute, nurmehr ein Pfad, setzt sich auf der gegenüberliegenden Seite fort. Zu Beginn des sanften Anstiegs halten wir uns rechts. Gut 10 Minuten später

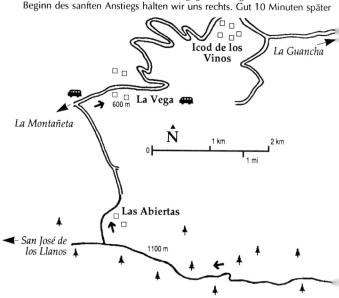

Auf dem Weg nach El Lagar (Picknick 14, Variante Wanderung 15-3) folgen wir einem Holzfällerweg durch herrlichen Kiefernwald.

verlassen wir diesen Pfad an einer Verzweigung und gehen nach rechts. Wenige Meter bergauf setzt sich unser Pfad links fort (falls er zugewuchert ist, halten wir uns auf dem Weg). Nach 10 Minuten stoßen wir auf eine Biegung des Forstwegs: unser Pfad setzt sich gegenüber fort. An der nächsten Stelle, wo wir ihn kreuzen, führt der Pfad leicht nach rechts versetzt weiter. Zehn Minuten später überqueren wir den Weg ein letztes Mal: um unseren Pfad zu erreichen, klettern wir die niedrige Böschung hinauf. Nach einer Minute Anstieg halten wir uns an der Verzweigung links; dann geht es direkt den Kammrücken hinauf. Wir kommen wieder auf dem Weg heraus und folgen ihm rechts nach El Lagar (2Std30Min).

Um zum Campamento Barranco de la Arena weiterzuwandern, gehen wir links vom Forsthaus bergauf. Nach vier Minuten erreichen wir eine Kanalüberquerung. Direkt vor dem Kanal verläuft rechts ein schmaler Pfad neben einem kleinen Wasserrohr. Wir folgen diesem Pfad; er führt bergab und schwenkt dann sogleich nach links eine Böschung hinauf. Wir gehen über flaches Gelände zu einem niedrigen Felsrücken, wo wir die Fortsetzung unseres Pfades finden. Weiter oberhalb steigen wir auf einem Rücken an, der weite Ausblicke über sanfte kiefernbestandene Bergkämme bietet; erneut begleitet uns das Rohr. Wir behalten das Wasserrohr in Sicht, während wir geradeaus weiter aufsteigen. Einige Minuten später kommen wir auf einem Forstweg heraus. Nach einer halben Minute bergauf finden wir in einer Wegbiegung rechts die Fortsetzung unseres Pfades (unmittelbar hinter einem kleinen Hügel). Wir stoßen erneut auf den Forstweg und gehen geradeaus weiter zum Camping-/Picknickplatz (4Std 25Min). Wir kehren auf demselben Weg zurück.

16 LA MONTAÑETA • LAS ARENAS NEGRAS • LOS PARTIDOS DE TRANQUIS • C820

Siehe auch Foto auf Seite 93
Entfernung/Gehzeit: 10,5 km/4Std10Min
Schwierigkeitsgrad: ziemlich leicht; zu Beginn ein Aufstieg über 300 Höhenmeter, am Ende ein Abstieg über 300 Höhenmeter.
Ausrüstung: feste Schuhe, Sonnenhut, Pullover, Anorak, Regenschutz, Proviant, Getränke
Anfahrt: 🚌 363 von Puerto nach Icod de los Vinos (Fahrplan 6); Fahrzeit 45Min; *umsteigen* in den 🚌 360 nach La Montañeta (Fahrplan 8); Fahrzeit 35Min
Rückfahrt: 🚌 460 von der San José de los Llanos-Abzweigung an der C820 nach Icod de los Vinos (Fahrplan 7); Fahrzeit 40Min; *umsteigen* in den 🚌 363 von Icod nach Puerto (Fahrplan 6); Fahrzeit 45Min

Diese abwechslungsreiche Tour gehört zu den Lieblingswanderungen des Autors. Ein kurzer Aufstieg durch Kiefernwald führt zum Picknick- und Erholungsgebiet Las Arenas Negras. Während des Aufstiegs kommen wir am schwarzen Schlackekegel der Montaña Negra vorbei. Landschaftlich besonders zauberhaft ist der kurze Abschnitt, der sich durch die sanfte Hügellandschaft windet. Vor dem Hintergrund der schwarzen Schlacke heben sich alle anderen Farben besonders stark hervor. Sobald wir den Kiefernwald verlassen, sind wir allein auf unserem Weg durch weites unberührtes Gelände, hoch über einer Ebene. Jenseits dieser Ebene wandern wir über den Weiler Los Partidos de Tranquis zur Bushaltestelle.

Unsere Wanderung beginnt auf dem Pfad hinter dem Schild »Respete la Naturaleza«, genau oberhalb der Bushaltestelle (Parkplatz) auf der Straßenseite gegenüber der Kapelle. Direkt hinter dem Schild steigen wir bergan. Nach fünf Minuten stoßen wir auf einen alten Weg, dem wir nach links bergauf folgen. Wir überqueren die Los Llanos-Straße (**10Min**) sowie fünf Minuten später den Forstweg zum Gebiet Las Arenas Negras. Drei Minuten später gehen wir an einer Linksabzweigung vorbei. Wir treten aus dem Wald heraus und treffen auf eine Verzweigung (**25Min**), an der wir geradeaus bergaufgehen (wir nehmen also die rechte Weggabel). An einer unscheinbaren Linksabzweigung vorbei erreichen wir Las Arenas Negras (**1Std**; Picknick 16).

Wir folgen dem Weg weitere 25 Minuten bergauf. Dann

La Montañeta • Las Arenas Negras • C820

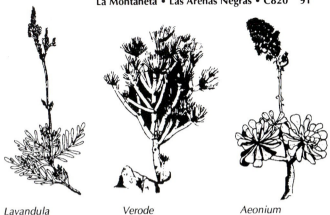

Lavandula pinnata

Verode (Senecio kleinia)

Aeonium manriqueorum

fesselt die faszinierende Montaña Negra unseren Blick. Vor dem Hintergrund der schwarzschimmernden vulkanischen Schlacke strahlen die umgebenden Kiefern in leuchtenden Farben. Bald sehen wir vor uns zwei Betonbauwerke, die auf einem der längsten und bedeutendsten Wasserkanäle der Insel stehen, der Canal Vergara (siehe Anmerkung zu Beginn von Wanderung 15, Seite 86). Direkt unterhalb des Kanals folgen wir dem Weg nach rechts (ein Begehen des Wasserkanals, durch eine grüne Linie auf der Karte eingezeichnet, ist nicht mehr gestattet). Wir wandern auf die schwarzen vulkanischen Schlackefelder zu (**2Std15Min**).

Nach 15 Minuten treten die Bäume zurück; vor uns liegen Schlackefelder. Scharfkantige graue Felsgruppen fallen auf, die unregelmäßig mit dichten rostig-orangefarbenen Flechten bedeckt sind. Eine Senke direkt vor uns ist regelmäßig mit jungen Kiefern

Las Arenas Negras (Picknick 16; Autotour 3)

bepflanzt. Die Montaña Negra erhebt sich jetzt rechterhand. Während wir an ihr vorbeiwandern, sehen wir einen langgezogenen schroffen Lavafluß, der sich zum Meer hinunterzieht. Genau hinter der Montaña Negra kommt die Abzweigung für den Aufstieg zum Gipfel. *Achtung*: hier wird auf Jeep-Safaris gehalten. Der fakultative Aufstieg ist nicht in die nachfolgenden Gehzeiten eingerechnet und dauert knapp 10 Minuten; es bietet sich ein eindrucksvoller Rundblick mit besonders guter Aussicht auf den Teide.

Kurzzeitig gelangen wir wieder in Kiefernwald. Bald erwartet uns ein herrlicher Aussichtspunkt. An klaren Tagen ist La Gomera deutlich zu sehen; sogar einzelne Ortschaften sind erkennbar. Rechts erhebt sich der Doppelhöcker von La Palma. Ganz rechts verrät Los Llanos seine versteckte Lage. Nach etwa einer Stunde auf diesem Weg erreichen wir eine Vier-Wege-Kreuzung (**3Std15Min**), an der wir nach rechts biegen. Wir wandern an vielen Abzweigungen vorbei bergab. Nach etwa 10 Minuten bergab befinden wir uns in einem Becken. Der Weg führt nach links durch die Ebene. Nachdem wir eine Höhe von 1200 m unterschritten haben (**3Std40Min**), erreichen wir eine Verzweigung, an der wir geradeaus (leicht links) auf dem Hauptweg weitergehen.

Der Weiler Los Partidos de Tranquis (**3Std45Min**) ist windgeschützt gelegen; im Hintergrund erhebt sich der Teide. Bei Verlassen des Beckens sehen wir weitere Anzeichen von Landwirtschaft. Hinter dem Weiler kreuzt die Straße nach San José de los Llanos unseren Weg. Wir folgen ihr nach links zur Hauptstraße Richtung Icod (C820; **4Std10Min**). Etwa 50 m nach rechts bergab steht die einsame Bar/Gaststätte zurückgesetzt in einem früher als Steinbruch genutzten Hügel. Hier können wir den Bus erwarten oder aber 20 Minuten nach Erjos weiterwandern.

17 ERJOS • PORTELA ALTA • EL PALMAR

Entfernung/Gehzeit: 10,5 km/3Std
Siehe auch das Foto auf Seite 26
Schwierigkeitsgrad: ziemlich leichter Abstieg über 500 Höhenmeter
Ausrüstung: feste Schuhe, Sonnenhut, Pullover, Anorak, Getränke, Proviant
Anfahrt: 🚌 363 von Puerto nach Icod de los Vinos (Fahrplan 6); Fahrzeit 45Min; *umsteigen* in den 🚌 460 von Erjos (Fahrplan 7); Fahrzeit 35Min
Rückfahrt: 🚌 366 von Portela Alta nach Buenavista (Fahrplan 11); Fahrzeit 20Min; *umsteigen* in den 🚌 363 nach Icod (Fahrplan 6); Fahrzeit 1Std; *umsteigen* in den Anschluß-🚌 363 nach Puerto (Fahrplan 6); Fahrzeit 45Min
Kurzwanderung: Erjos — Aussichtspunkt nach 55 Minuten — Erjos: 8 km; 1Std45Min; leichter Ab-/Aufstieg über 100 Höhenmeter; Anfahrt wie oben; Rückfahrt mit derselben Buslinie.
Variante: Erjos — El Palmar — Buenavista: 14 km; 4Std; ziemlich leichter Abstieg über 900 Höhenmeter auf Wegen. Anfahrt wie oben; Rückfahrt mit dem 🚌 363 nach Puerto (Fahrplan 6); Fahrzeit 45Min. Der Hauptwanderung **drei Stunden** folgen. Dann, wo die Straße durch El Palmar auf die Hauptstraße (TF1426/7) stößt, geht man geradeaus bergab und biegt *nicht* auf die Hauptstraße ein. Abkürzende Wege und Pfade (siehe Karte Seite 94) führen in einer guten Stunde direkt nach Buenavista und zur Bushaltestelle hinab.

Diese angenehme und leichte Tour führt durch den großartigen Lorbeerwald, einem Relikt aus der Tertiärzeit. Vor 15 Millionen Jahren bedeckten Lorbeerwälder ganz Südeuropa und Nordafrika. Diese Pflanzengesellschaft ist heute nahezu ausgestorben, doch auf dem kanarischen Archipel haben wertvolle Bestände bis heute überlebt. Die von den Passatwinden geschaffenen klimatischen Bedingungen sind die Voraussetzung für diesen immergrünen Wald. Mindestens zehn verschiedene Lorbeerarten gedeihen hier; der Wald ist zugleich ein Refugium für Farne, Pilze und Flechten.

Erjos liegt am Fuße eines terrassierten Berghangs.

94 Landschaften auf Teneriffa

Schon die bunte Farbpalette, die wir auf der Busfahrt sehen, ist eine einzige Augenweide: leuchtendrote Weihnachtssterne, blaue Trichterwinden, weiße, rosafarbene und rote Oleander sowie die weitverbreiteten Bougainvillea mit ihrem strahlenden Scharlachrot, Orange und Violett. Elegante Kanarische Dattelpalmen säumen die Straße. Wir fahren durch das malerische San Júan de la Rambla und kommen dann in das ausgedehnte Städtchen Icod de los Vinos (bekannt für den örtlichen Wein sowie den berühmten Drachenbaum, Foto Seite 25). Der Anschlußbus nach Erjos erklimmt 800 Höhenmeter; unterwegs bieten sich einige der großartigsten Ausblicke der Insel. Fruchtbare Ackerterrassen ziehen sich den Steilhang hinauf. Weiter oben wir die Landschaft wilder; dichtgrüne Vegetation bedeckt die Gegend. In dieser Wildnis bildet Erjos lediglich einen unbedeutenden weißen Häuserflecken.

Der Bus hält genau hin-

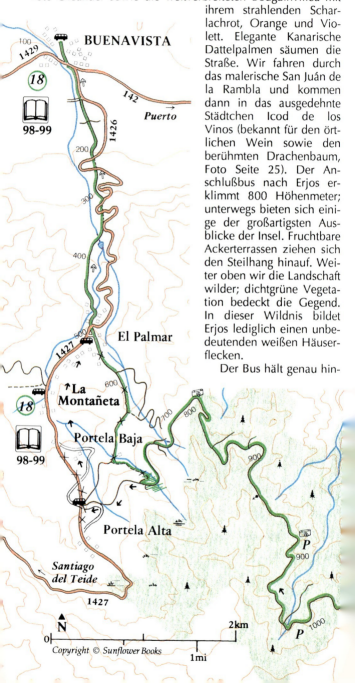

Erjos • Portela Alta • El Palmar

ter der Kirche, bevor er nach Guía de Isora weiterfährt. Wir steigen aus und folgen der Hauptstraße drei Minuten nach rechts hinauf. **Ausgangspunkt** ist eine hohe freistehende Kiefer. Auf der gegenüberliegenden Straßenseite steht ein Forsthaus. Wir biegen rechts auf den Forstweg, der nach Portela Alta führt. Nach zwei Minuten bergab halten wir uns an der Verzweigung links. Danach lassen wir alle Abzweigungen unbeachtet. Der Weg führt in ein abgelegenes Tal mit immergrünem Wald, und wir lassen allen Lärm der Zivilisation hinter.

Unser Weg beschreibt schließlich (**55Min**) eine weite Biegung und führt in einen neuen Talabschnitt. Wenn wir über das Tal in die Richtung zurückblicken, aus der wir gekommen sind, bietet sich bald eine freie Sicht auf die Küste. Zwischen den konischen Gipfeln, die am Taleingang stehen, leuchtet das Grün der Bananenplantagen. Kleine Vögel schwirren umher, und Greifvögel kreisen über uns. Dies ist ein herrliches Picknickplätzchen (Picknick 17); *die Kurzwanderung macht hier kehrt.*

Ein Trinkbrunnen bietet erfrischendes Wasser (**1Std20Min**). Zwei Minuten, bevor wir das nächste Tal betreten (**1Std 30Min**), bietet sich in einer Wegbiegung ein freier Blick auf die Tierra del Trigo. Das »Weizenland« liegt verdeckt an den gegenüberliegenden Talhängen. Während wir einen Kammrücken überqueren (den Zugang zum Tal von El Palmar; Foto Seite 26), überrascht uns der Anblick des baumlosen, vollständig terrassierten Talbeckens. Ziemlich direkt unterhalb von uns liegt El Palmar; viel weiter unten auf der Küstenebene breitet sich Buenavista zwischen Bananenplantagen aus.

Wir stoßen auf die TF1427 in Portela Alta (**2Std20Min**). 80 m nach rechts bergab befindet sich ein Buswartehäuschen. Um nach El Palmar zu wandern, folgen wir dem Pfad hinter dem Buswartehäuschen; er führt rechts um die Schule herum. Nach einigen Minuten überqueren wir die Straße und folgen einem betonierten Fahrweg. Erneut überqueren wir die Straße und gehen auf einem Asphaltsträßchen weiter. Etwa 30 Minuten nach der Bushaltestelle wandern wir parallel zur Hauptstraße und erreichen El Palmar (**3Std**). Falls wir noch nicht zu müde sind, können wir nach Buenavista weitergehen (Variante); dort gibt es auch bessere Busverbindungen.

18 LA MONTAÑETA • TENO ALTO • TENO BAJO • (FARO DE TENO) • BUENAVISTA

Entfernung/Gehzeit: 20 km/6Std50Min (für den Abstecher zum Leuchtturm eine Stunde hinzurechnen)
Schwierigkeitsgrad: anstrengend. Anstiege über insgesamt 400 Höhenmeter, Abstieg über 800 Höhenmeter. Auf dem letzten Abschnitt des Abstiegs loses Geröll. Auf zwei Abkürzungen (Pfaden) besteht **Schwindelgefahr**.

Ausrüstung: Wanderstiefel, Sonnenhut, Pullover, Anorak, Proviant, reichlich Getränke, Badesachen; *für den Straßentunnel ist eine Taschenlampe unbedingt empfehlenswert*
Anfahrt: 🚍 363 von Puerto nach Buenavista (Fahrplan 6); Fahrzeit 1Std45Min; *umsteigen* in den 🚍 366 nach La Montañeta (Fahrplan 11); Fahrzeit 20Min (nach »el camino para Teno Alto« fragen). Man kann für diese kurze Fahrt (5 km) auch ein Taxi nehmen; ebenfalls nach »el camino para Teno Alto« fragen.
Rückfahrt: 🚍 363 von Buenavista nach Puerto (Fahrplan 6); Fahrzeit 1Std45Min.

Kürzere Wanderung: La Montañeta — Teno Alto — La Montañeta: 9 km; 4Std20Min; anstrengend; Ausrüstung wie oben, aber feste Schuhe sind ausreichend. Der Hauptwanderung nach Teno Alto folgen. Bei der Bar biegen wir nach rechts und folgen der Straße (keine Abzweigungen) etwa 55 Minuten, bis sie bergabzuführen beginnt. Jetzt gehen wir noch weitere 15 Minuten auf der Straße bergab, bis wir wieder auf den Pfad stoßen, auf dem wir von La Montañeta aufgestiegen sind. Nach Buenavista kehren wir entweder mit dem 🚍 366 (Fahrplan 11) oder einem Taxi zurück.

Für Wanderer mit etwas Ausdauer sind die tiefen, abgelegenen und versteckten Täler des Teno unverzichtbar. Diese einsame und karge Landschaft ist von rauher Schönheit, mit weichen Farbtönen, die der Boden ausstrahlt. Man hat das Gefühl von Abgeschiedenheit und Harmonie. Die wenigen Bewohner hier haben ein mühsames Los gewählt; ihre Seelenstärke ist bewundernswert, ja fast zu beneiden.

Wir fragen unseren Taxi- bzw. Busfahrer nach »el camino para Teno Alto«. Die Straße *(camino)* kommt knapp 500 m hinter der schläfrigen Häuseransammlung von El Palmar (Wanderung 17). Wenn wir mit dem Bus anfahren, dann drücken wir den Halteknopf, sobald wir die Abzweigung nach Teno Alto passieren. Der Bus hält vor einem Haus mit mehreren Geschäften. Wir gehen zur Straße zurück, die nach Teno Alto ausgeschildert ist. **Unser Pfad beginnt** genau in dieser Abzweigung: er verläuft entlang der linken Betonblockmauer (gewöhnlich steht hier ein Schild nach »Los Viñatigos«) und führt dann zwischen halbverfallenen Steinmauern bergauf. Unten liegt ein Weingarten mit Spalieren.

Nachdem wir zur Straße angestiegen sind **(25Min)**, verlassen wir den Pfad und folgen der Straße die nächsten 90 Minuten. Es gibt hier so gut wie keinen Verkehr, und wir haben Ausblicke auf das gesamte Tal. Der Zugang zu den versteckten Tälern des Teno befindet sich auf der höchsten Stelle eines Bergrückens **(2Std)**. Unerwartet öffnet sich da-

La Montañeta • Teno Alto • Teno Bajo • Buenavista

hinter eine ganz andere Landschaft, rauh und unwegsam. Wir befinden uns hier auf 800 m Meereshöhe; etwas zur Linken erhebt sich die Montaña Baracán (1003 m), der höchste Gipfel dieses Massivs. Bald ist das Teno-Gebirge zu sehen.

Unsere Abzweigung kommt gleich hinter diesem Aussichtspunkt: nach drei Minuten zweigt rechts ein Weg ab. Unser Wanderpfad liegt hinter diesem Weg; er biegt nach rechts zwischen einem Steinmännchen und einem Schild nach »San Jerónimo/Los Viñatigos« ab. (Falls man nicht ganz schwindelfrei ist, könnte dieser kurze Abschnitt etwas unangenehm sein.) Am Fuße der ersten kleinen Senke erreichen wir einen grasbewachsenen Pfad und biegen hier nach rechts. Dann (**2Std15Min**) wandern wir nach rechts auf dem Kammrücken entlang und steigen allmählich in eine weitere Senke hinab. Ein sorgfältig gepflasterter Pfad führt wieder bergauf. Kurz hinter einer Biegung gelangen wir bei einem kleinen Gebäude auf einen Weg, dem wir acht Minuten folgen. In einer Linksbiegung nehmen wir den breiten gepflasterten Pfad, der rechts abzweigt. Nach einigen Minuten Aufstieg erreichen wir wieder die Hauptstraße nach Teno Alto, überqueren sie und gehen auf dem gegenüberliegenden Erdpfad weiter. Bald wird unsere Neugier gestillt. Teno Alto (»Oberes

Der atemberaubende Abstieg nach Teno Bajo

98 Landschaften auf Teneriffa

Teno«) liegt gleich hinter diesem Bergrücken. Wir gelangen wieder auf die Straße und gehen in die Ortschaft hinein (**2Std55Min**); *hier macht die kürzere Wanderung kehrt.*

Um nach Teno Bajo (»Unteres Teno«) zu wandern, gehen wir geradeaus weiter. Die Straße wird zum Weg; wir überqueren eine Anhöhe und steigen in das nächste Tal ab. Binnen zehn Minuten erreichen wir eine weitere Anhöhe und eine Wegverzweigung; rechts steht ein Haus. Wir gehen geradeaus über die Anhöhe hinweg und an einem rechts abzweigenden Weg vorbei weiter bergab. Hinter einer Wegbiegung (**3Std15Min**) stoßen wir auf einen Querweg, dem wir nach rechts bergab folgen. (Ab hier kann man dem Weg bis zu seinem Ende folgen oder aber die unten beschriebenen Abkürzungen nehmen. Falls man dem Weg folgt, kommen 20 Minuten Gehzeit hinzu.) Ein paar Minuten später mündet links ein Feldweg ein. Wir gehen hier links auf die Schlucht zu und dann am Rande der Schlucht entlang bergab (dieser Abschnitt ist etwas schwindelerregend). Oberhalb von ein paar Gebäuden kommen wir wieder auf dem Weg heraus (**3Std30Min**). Wir bleiben auf diesem Weg, bis wir etwa 20 m unterhalb eines dieser Gebäude (ein Haus in einer Kurve, unmittelbar bevor der Weg nach rechts schwenkt) nach links absteigen können. Wir folgen dem Wasserrohr (5 cm Durchmesser). Es gibt keinen richtigen Pfad; rechts befindet sich die Felswand, links die Schlucht. Nach wenigen Minuten Abstieg kommen wir an zwei alten Steingebäuden vorbei, etwas später an zwei weiteren Gebäuden. Einige Meter vor dem letzten Gebäude gehen wir links einen Pfad hinab.

Rasch erreichen wir den Barranco und gelangen hier unten wieder auf den Weg (**3Std45Min**), dem wir nach links folgen. Unser Weg führt an einem runden steingepflasterten Dreschplatz vorbei. Auf diesem Wegabschnitt sehen wir mehr von

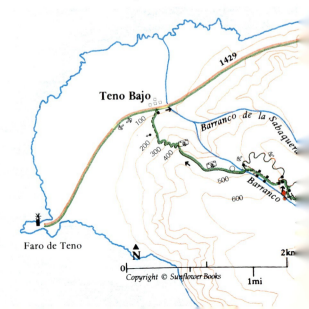

La Montañeta • Teno Alto • Teno Bajo • Buenavista 99

der Landzunge unten an der Küste; dunkle Lava kontrastiert mit dem tiefblauen Meer. Hoch über der Ebene endet der Weg (**4Std**). Diese Stelle ist ein ausgezeichneter Aussichtspunkt: rechts schneidet eine zerklüftete Schlucht in den Berg hinein, links erhebt sich der Leuchtturm auf einer Landzunge aus schwarzer Lava. Ausgebreitet unter uns erstrecken sich die grüngemusterten Felder einer Tomatenplantage. An klaren Tagen ist La Gomera erkennbar, dessen Berge sich deutlich umrissen aus dem Meer erheben. Weiter rechts erheben sich die Doppelhöcker von La Palma über den Horizont.

Am Ende des Weges befindet sich ein riesiger Felsbrocken mit weißer Farbmarkierung. Wir biegen unmittelbar *vor* Erreichen dieses Felsbrockens nach links und gelangen so auf unseren Pfad. Im Zickzack geht es die nahezu senkrechte Steilwand hinab. Wegen des losen Gerölls kommen wir nur langsam voran. Der Abstieg erfordert volle Konzentration; um die herrlichen Ausblicke zu genießen (Foto S. 97), sollten wir daher *unbedingt stehenbleiben*. Unser einziger Orientierungspunkt auf diesem Abschnitt ist ein Wassertank, der etwa 30 Minuten bergab liegt. Unser Pfad endet links von einem großen Schuppen in Teno Bajo (**4Std50Min**). (Zum Leuchtturm und zurück ist es ein leichter einstündiger Spaziergang.)

Wir folgen der Straße nach Osten und genießen den Blick auf großartige Küstenlandschaften. An der Punta del Fraile (**5Std45Min**; Picknick 18) bietet sich eine wunderschöne Sicht auf die Bananenplantagen, die Buenavista umgeben. Schließlich erreichen wir die Ortschaft (**6Std50Min**).

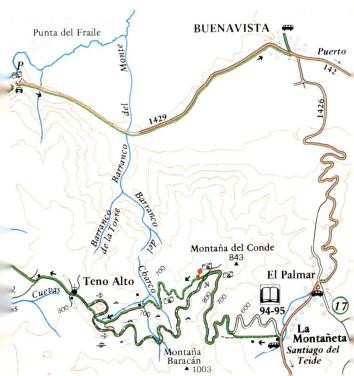

19 PUNTA DEL HIDALGO • CHINAMADA • LAS CARBONERAS

Karte auf der Rückseite der ausfaltbaren Inselkarte; Titelfoto
Entfernung/Gehzeit: 7 km/4Std
Schwierigkeitsgrad: mittelschwerer bis anstrengender Aufstieg über 700 Höhenmeter; **Schwindelgefahr**
Ausrüstung: feste Schuhe, Pullover, Anorak, Regenschutz, Sonnenhut, Proviant, Getränke
Anfahrt: 🚌 102 von Puerto nach La Laguna (Fahrplan 1); Fahrzeit 45Min; *umsteigen* in den 🚌 105 nach Punta del Hidalgo (Fahrplan 13); Fahrzeit 40Min
Rückfahrt: 🚌 1.705 von Las Carboneras nach La Laguna (Fahrplan 16); Fahrzeit 1Std05Min; *umsteigen* in den 🚌 102 nach Puerto (wie oben)
Variante: Las Carboneras — Chinamada — Las Carboneras: 6 km; 3Std; leicht bis mittelschwer; Auf- und Abstiege über etwa 300 Höhenmeter. Anfahrt wie Wanderung 20, Seite 103; Rückfahrt mit derselben Buslinie. Von der Bushaltestelle gehen wir am letzten Haus (in einer Biegung) vorbei aus der Ortschaft heraus. Nach vier Minuten nehmen wir den rechten Pfad, ausgeschildert nach Las Escaleras. Unmittelbar nach Betreten dieses Pfades biegen wir links ab. An einer Verzweigung erreichen wir den Mirador Las Escaleras (35Min; Picknick 19b). An der Verzweigung halten wir uns rechts. Dort, wo sich der Pfad verzweigt, gehen wir nach rechts hinauf. An einem verlassenen Haus biegen wir nach rechts und wandern dahinter weiter (nicht bergab). Einige Minuten später gehen wir an einer Verzweigung zur Straße bei Chinamada hinunter und folgen ihr rechts nach Las Carboneras zurück.

Punta del Hidalgo, der Ausgangspunkt unserer Wanderung, liegt am Ende eines steilen Berghanges, der von den Höhen des Anaga-Gebirges zur Küste hinunterführt. Wir verlassen den Bus an der Endhaltestelle genau hinter der Ortschaft, oberhalb des Barranco del Tomadero. Mit seinen schroffen, steilen Bergkämmen erscheint das Tal unpassierbar. Der Kiesstrand der Playa de los Troches (Picknick 19a) liegt teilweise verborgen hinter Klippen. Diese Landschaft steht in krassem Gegensatz zur fruchtbaren Hochebene von La

Chinamada: in den Felshängen öffnen sich Wohnhöhlen, in denen die Bergbewohner wie ehedem die Guanchen leben.

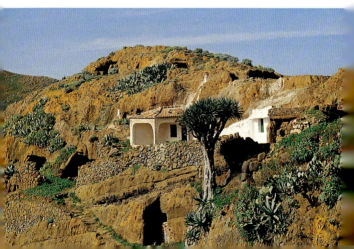

Punta del Hidalgo • Chinamada • Las Carboneras

Laguna und den Wiesenhängen um Tegueste, durch dessen weites, abschüssiges Tal uns die Fahrt nach Punta del Hidalgo hinab geführt hat. Im winzigen Weiler Chinamada erwarten uns verstreute Höhlenwohnungen.

Unser **Ausgangspunkt** liegt am Mirador (Endstation der Buslinie). Wir folgen dem betonierten Fahrweg unterhalb des Aussichtspunktes nach rechts bergab (nach »Chinamada« und »Las Carboneras« ausgeschildert). Nach einigen Minuten kommen wir an einem großen Treibhaus vorbei; links unten fällt die Küste zum Strand ab. Der Weg ist jetzt nur noch geschottert. Wir gehen geradeaus weiter bergab. Bald endet unser Weg vor einem Felsvorsprung. Hinter einer Kettenschranke führt uns ein betonierter Fahrweg steil in den Barranco hinab. Der Doppelgipfel Los Hermanos (»Die Brüder«; siehe Umschlagfoto) erhebt sich vor uns. Der Fahrweg führt zu einem Gebäude und einer Bohlenbrücke über die Mündung des Barranco del Tomadero (**10Min**). Ein herrliches, ruhiges Plätzchen. Wir überqueren den Bach und gehen etwa eine Minute im Barranco aufwärts, bis wir auf ein Schild nach »Chinamada« stoßen. Hier steigen wir links auf dem Pfad an, der in die Böschung eingeschnitten ist und aus der Schlucht herausführt.

Oberhalb des Barranco gehen wir an einer dicken Steinmauer entlang. Am Anfang unseres (teilweise schwindelerregenden) Aufstiegs gedeihen riesige Kandelaber-Euphorbien (*Cardón*) am Hang. Verschiedene Höhlen öffnen sich im Hang. Wir erreichen schließlich einen hervorragenden Aussichtspunkt (**1Std40Min**) auf scharfkantige, jäh zum Meer abbrechende Bergkämme. Leuchtendgelbe Blumen säumen nun den Pfad, der uns bergauf führt. Er verläuft kurz am Klippenrand entlang; Vögel schwirren umher, und weitere schöne Ausblicke erwarten uns. Dann geht es wieder hoch über dem Tal weiter. Stellenweise steigen wir über Stufen an, die in den Fels gehauen wurden.

Schließlich bemerken wir eine deutliche Veränderung im Pflanzenbewuchs. Affodill mit seinen langen, dünnen Blättern und weißen Blüten sowie Gräser bedecken den Hang. Einige Ackerterrassen ziehen die Abhänge hinauf. Eine grasbewachsene, exponierte Anhöhe bietet einen guten Aussichtspunkt auf das untenliegende Tal und die Bananenplantagen, die Punta del Hidalgo umgeben. Der Weg wird steiler und führt stellenweise über ausgehauene Stufen.

Zahlreiche steile, enge Täler durchziehen das Anaga-Massiv. Von den Gipfeln bis in die Täler hinab sind noch die steilsten Hänge terrassiert. Hinter einer Biegung (**3Std10Min**) künden gepflegte Ackerterrassen Chinamada an. Oberhalb der Gärten öffnen sich Höhlenwohnungen im Berghang. Am Ende des Weilers gehen wir an einer Kapelle vorbei und auf einer breiten Schotterstraße weiter. Wir folgen ihr bis nach Las Carboneras. Hinter der Kapelle ziehen frische Wiesen den

Hang hinab, die mit Gelbem Sauerklee (*Oxalis pes-caprae*) übersät sind. Die Berggipfel vor uns sind mit Bäumen und Baumheide bedeckt. Wir gehen rechts an einem Drachenbaum vorbei (Foto Seite 100) und sehen ein reizendes weißes Häuschen, das aus einer Felswand herausragt. Nach einer Minute Anstieg steht rechterhand ein weiteres Haus. Über die rechts abzweigende Zufahrt bei diesem Haus (**3Std20Min**) führt die *Variante* hinab. Hier sollten wir uns nochmals umdrehen — linkerhand gibt es eine weitere, noch abgelegenere Höhlenwohnung.

Die Straße schneidet sich durch einen Bergrücken. Das ständige Gemecker der Ziegen, das im Tal erklingt, wird uns noch lange in Erinnerung bleiben. Wir wandern unterhalb der Bäume; nachdem wir einen weiteren Bergrücken überquert haben (**3Std40Min**), erwartet uns ein erstaunlicher Anblick: weit unten verläuft ein tiefes, langgestrecktes Tal. Ein scharfumrissener Bergrücken erhebt sich aus diesem Tal, überragt von den höchsten Erhebungen des Anaga-Gebirges. Auf diesem messerscharf wirkenden Grat erhebt sich der Roque de Taborno. Auf der Mitte des Bergrückens stehen die wenigen, weißen Häuschen von Taborno. Von dem kleinen Bauernhaus zu unserer Linken (Picknick 19c) bietet sich gewiß ein hervorragender Ausblick.

Nach Las Carboneras sind es nur noch 20 Minuten: wir wandern nach rechts. Diese Ortschaft besteht aus einer reizenden Mischung aus alten und neuen Häusern, die sich auf einem landwirtschaftlich genutzten Hügel ausbreiten, der ins Tal ausläuft. Die Bushaltestelle befindet sich am Ortseingang neben der Kirche (**4Std**).

Taborno am Fuße des »kleinen Matterhorns« (Wanderung 20, Picknick 20, Autotour 4)

20 LAS CARBONERAS • TABORNO • ROQUE DE TABORNO • CASA NEGRIN

Karte auf der Rückseite der ausfaltbaren Inselkarte; siehe auch Foto gegenüber

Entfernung/Gehzeit: 8 km/4Std25Min

Schwierigkeitsgrad: anstrengend; Aufstiege über insgesamt etwa 600 Höhenmeter. *Die Hauptwanderung ist nur sehr erfahrenen Wanderern zu empfehlen* (siehe auch die Variante). Am Roque de Taborno besteht **Schwindelgefahr.**

Ausrüstung: Wanderstiefel, Pullover, Anorak, Regenschutz, Sonnenhut, Trillerpfeife, Getränke, Proviant (siehe jedoch Hinweis auf ein Restaurant in der Wegbeschreibung)

Anfahrt: 🚌 102 von Puerto nach La Laguna (Fahrplan 1); Fahrzeit 45Min; *umsteigen* in den 🚌 1.705 nach Las Carboneras (Fahrplan 16); Fahrzeit 40Min
Rückfahrt: dieselbe Busverbindung

Variante: Las Carboneras — Fuß des Roque de Taborno — Las Carboneras: 7 km; 2Std30Min; Schwierigkeitsgrad wie oben, aber ohne die schwindelerregende und unter Umständen gefährliche Umrundung des Felses. An-/Rückfahrt wie oben. Der Hauptwanderung 1Std40Min folgen, dann zur 1Std30Min-Stelle der Wegbeschreibung zurückkehren. Von hier die Hauptwanderung ab der 2Std20Min-Stelle fortsetzen, um die Casa Negrín zu erreichen.

Sobald wir auf der Busfahrt nach Las Carboneras hinunter die bewaldeten Hänge hinter uns lassen, bietet sich ein erster Ausblick auf den Roque de Taborno. Inmitten der messerscharf wirkenden Grate des Anaga-Gebirges fällt dieses »kleine Matterhorn« (siehe gegenüber) sofort ins Auge. Unsere Wanderung führt um diesen großartigen Felsen herum. Auf seiner nördlichen Seite erblicken wir eine wunderbare Küstenlandschaft. Die winzigen Ackerterrassen, die die fernen Hänge überziehen, lassen den Wert des kultivierbaren Bodens erahnen. Falls wir keine Verpflegung für unterwegs mitgebracht haben, können wir am Ende der Wanderung in das kleine, von allen Einheimischen gerne besuchte Restaurante típico der Casa Negrín einkehren. Hier können wir auch den Bus erwarten. Er hält an der Abzweigung wenige Minuten westlich der Casa Negrín (auch »Casa Carlos« genannt; mittwochs geschlossen).

Unser **Ausgangspunkt** liegt an der Bushaltestelle in Las Carboneras. Wir gehen 150 m wieder aus der Ortschaft hinaus — auf demselben Weg, über den der Bus kam. Gegenüber der Bar Valentin verlassen wir die Straße und folgen dem Pfad links in den Barranco hinab. Dieser deutliche Pfad führt an Feldern vorbei über Wiesenhänge bergab. Nach fünf Minuten Abstieg halten wir uns an einer Verzweigung rechts. Knapp zehn Minuten hinter einem zweiten Strommast überquert unser Pfad zwei Bäche, die kurz darauf zusammenfließen. Unmittelbar danach gehen wir an einer Rechtsabzweigung vorbei. Fünf Minuten später gehen wir geradeaus weiter (an der Linksabzweigung vorbei). Wir halten uns stets

Blick von der Casa Negrín auf die Anaga-Halbinsel (Picknick 21; Wanderung 20 und 21; Autotour 2 und 4)

auf dem breitesten Pfad, da viele Seitenpfade zu den Feldern abzweigen. Nach weiteren fünf Minuten (hinter einem geflochtenen Tor auf der rechten Seite) überqueren wir den Bach im Barranco de Taborno. Auf dem sehr steilen Anstieg auf der gegenüberliegenden Talseite gehen wir an allen Seitenpfaden vorbei. Nach 15 Minuten Anstieg im Barranco halten wir uns an einer Verzweigung links. Schließlich (**1Std**) erreichen wir die TF1128 und folgen der Straße links nach Taborno (**1Std10Min**). Der Dorfplatz liegt auf dem hohen schmalen Bergrücken, der den Barranco de Taborno vom Barranco Afur de Tamadite trennt. Das Dorf mit seinen weit verstreuten Häusern kann zweifellos beanspruchen, über die besten Ausblicke auf der ganzen Insel zu verfügen.

Mit Blick auf die kleine Kapelle auf dem Dorfplatz gehen wir rechts davon die Stufen hinauf. Nach zwei Minuten Anstieg biegen wir nach rechts. Drei Minuten später verzweigt sich der Pfad, und wir biegen nach rechts (nicht die Stufen hinaufgehen!). Alle Häuser hier auf dem Bergrücken sind winzig und von Gärten sowie Feigenkakteen und Aloen umgeben. Wir folgen dem Pfad, bis er sich am Fuße einiger Stufen verzweigt. Hier gehen wir nach links durch lichtes Gehölz bergab. An der nächsten Verzweigung, unmittelbar hinter einem schmalen Felsrücken, schwenken wir nach links. Wir steuern ein kleines Haus an und gehen oberhalb daran vorbei (**1Std30Min**). Wir umgehen einen Hangausläufer und genießen einen schönen Ausblick (Picknick 20): rechts, weit unten, liegt die Playa del Tamadite an der Mündung des Barranco.

Bald verengt sich der Bergrücken; unser Weg führt am Kamm entlang. Die Seitenwände des Barranco de Taborno sehen beeindruckend aus. Ganggesteine durchziehen die Felswände gleich Adern; sanftgrüne Ackerterrassen verlaufen über die Hänge. Nach drei Minuten Kammwanderung verzweigt sich unser Pfad, und wir gehen links hinauf. Oben wenden wir uns nach rechts und gehen am Hang weiter.

Einige Minuten später erreichen wir eine kleine Steinhütte (Ziegenstall), die in den Felskamm oberhalb von uns gebaut ist (**1Std40Min**). Wir befinden uns jetzt dicht am Fuße des Felses, der aus diesem Blickwinkel weniger beeindruckend aussieht. *Die Variante macht hier kehrt.* Um die Umrundung des Roque de Taborno zu beginnen, gehen wir nach links hinab. Wir brauchen keine Abzweigungen zu nehmen und gehen daher nach fünf Minuten an dem Pfad vorbei, der links abzweigt (er führt zu einem Ziegenstall). Nachdem wir zehn Minuten lang um den Roque gewandert sind, unmittelbar hinter einem Felshaufen am Ende eines kleinen Rückens, ändert sich die Route unvermittelt. Wir gehen nicht an den vor uns liegenden Feldern vorbei, sondern steigen auf dem rechten Rücken steil empor. Unser Ziel ist der Fels; über Felsbrocken und auf Ziegenpfaden wandern wir zu ihm hinauf. Näher am Fels gehen wir weiter nach links (dieser Abschnitt ist leicht schwindelerregend). Vor uns an der Küste fallen messerscharf wirkende Kämme ins Meer ab. Im Osten liegt der weiße Häuserflecken Almáciga (Wanderung 24; Foto Seite 18) verloren zwischen den Berghängen.

Schließlich (**2Std**) befinden wir uns direkt unterhalb des Gipfels des Roque de Taborno. Das herrliche Tal von Afur öffnet sich. Nach einer halben Minuten scheint es zunächst nicht weiterzugehen. Ein geschützt in den Felshang gebauter Ziegenstall steht vor uns; nach allen anderen Seiten fällt die Kammwand steil ab. Wir gehen *durch* den Stall und verlassen ihn durch das Gatter. Es hat den Anschein, als kämen wir nur noch durch freien Fall weiter, aber ein schmaler Steig klammert sich an die Felswand. *Vorsichtig* gehen wir am Fels entlang; dieser schwindelerregende Abschnitt dauert eine halbe Minute. Der Ziegenpfad führt uns zum ersten Ziegenstall zurück, an dem wir vorbeigegangen sind, diesmal jedoch kommen wir *oberhalb* davon heraus. Wir klettern zum Stall und zu unserem ursprünglichen Pfad hinab. Über den Hinweg kehren wir zu dem Haus zurück, das wir ursprünglich an der 1Std30Min-Stelle erreicht hatten (**2Std20Min**). Unmittelbar hinter diesem Haus steigen wir auf der rechten Hangseite zu einem Pfad hinab. Wir befinden uns nun am Oberhang der steilwandigen, gewundenen Schlucht des Barranco de Taborno. Wir halten uns stets links bergauf und gelangen wieder in die Dorfmitte von Taborno zurück (**2Std35Min**).

Wir verlassen Taborno und gehen direkt hinter dem letzten Haus links Stufen empor (ausgeschildert »Casa Negrín«). Dieser Pfad führt uns auf den Bergrücken, über dessen nördliche Fortsetzung wir den Roque umrundet haben. Wir halten uns oben auf dem Bergrücken und *folgen stets dem breitesten, deutlichsten Pfad.* Allmählich geht es zur Casa Negrín hinauf (**4Std25Min**) und rechts auf der Straße zur Bushaltestelle.

21 CASA NEGRIN • AFUR • PLAYA DEL TAMADITE • AFUR • ROQUE NEGRO

Karte auf der Rückseite der ausfaltbaren Inselkarte; siehe auch die Fotos Seite 104 und 113

Entfernung/Gehzeit: 12,5 km/6Std40Min

Schwierigkeitsgrad: sehr anstrengender Abstieg über 900 Höhenmeter sowie Aufstieg über 800 Höhenmeter; **Schwindelgefahr;** *nur absoluten Wanderprofis zu empfehlen*

Ausrüstung: Wanderstiefel, Pullover, Anorak, Sonnenhut, Regenschutz, Trillerpfeife, Proviant, Getränke

Anfahrt: 🚌 102 von Puerto nach La Laguna (Fahrplan 1); Fahrzeit 45Min; *umsteigen* in den 🚌 1.705 zur Casa Negrín (Fahrplan 16); Fahrzeit 25Min

Rückfahrt: 🚌 1.706 von Roque Negro nach La Laguna (Fahrplan 17); Fahrzeit etwa 1Std05Min, oder 🚌 1.710 von der Roque Negro-Abzweigung nach La Laguna (Fahrplan 18); Fahrzeit 45Min; *umsteigen* in den 🚌 102 nach Puerto (wie oben)

Kurzwanderung: Casa Negrín — Taborno — Casa Negrín: 7 km; 3Std10Min; mittelschwerer Ab-/Aufstieg über 400 Höhenmeter. Anfahrt wie oben; mit derselben Buslinie zurückkehren. Der Hauptwanderung 50 Minuten folgen. Hier nicht nach rechts gehen, sondern nach links biegen und dem Weg nach Taborno folgen. Dann Wanderung 20 ab der 2Std35Min-Stelle folgen (Seite 105), um zur Casa Negrín zurückzukehren.

Höhlenhaus am Berghang zwischen Afur und Roque Negro

Casa Negrín • Afur • Playa del Tamadite • Roque Negro

Im Winter ist es oft recht naß im Anaga-Gebirge, aber das Afur-Tal ist zu dieser Jahreszeit am schönsten. Der Bach wird fast zum Fluß, und die Kolke sind so groß, daß man darin schwimmen kann. Im Sommer ist der Bach nur ein müdes Rinnsal, und die meisten Kolke sind ausgetrocknet. Die Tage sind dann heiß, und unter den sengenden Strahlen der Sonne verglüht das frische Grün der Landschaft. Während unseres Abstiegs öffnen sich Ausblicke auf die düsteren Winkel dieser schroffen Landschaft. Das Rauschen herabstürzenden Wassers begleitet uns auf einem Großteil der Wanderung. Unser Aufstieg, so anstrengend er auch sein mag, wird durch einige stimmungsvolle einheimische Bars erleichtert.

Die Casa Negrín (auch »Casa Carlos« genannt; siehe Foto Seite 104) liegt nur ein kurzes Stück unterhalb der Bushaltestelle. Die **Wanderung beginnt** auf dem Weg, der auf der rechten Seite des Restaurants bergabführt. Nach einer Minute Abstieg gehen wir links an einem Haus vorbei. An dieser Stelle verengt sich der Weg zum breiten Pfad (*bei Nässe sehr rutschig*), der sich auf dem Bergrücken hinunterzieht. Nach knapp fünf Minuten gehen wir an einer Verzweigung geradeaus weiter bergab. Eine Minute später sind wir oberhalb eines kleinen Wochenendhauses, das geschützt auf dem Bergrücken liegt und das Afur-Tal überblickt (Picknick 21).

Über eine Kreuzung gehen wir geradeaus hinweg auf dem breitesten Pfad weiter (**25Min**). Zwei Minuten später verlassen wir den Bergrücken und gehen auf dem Pfad nach rechts hinunter. (Direkt hinter dieser Abzweigung steht ein Telefonmast.) Im Zickzack geht es zum benachbarten Bergrücken hinab. Der steile Pfad wird nach fünf Minuten Abstieg etwas flacher, und wir blicken in den Barranco de Guardoz. Unsere Wanderroute verläuft weiter auf dem Kammrücken; es bieten sich freie Ausblicke auf Taborno und den Roque Negro. Etwas unterhalb dieser mächtigen schwarzen Anhöhe, die sich rechts aus der Landschaft erhebt, liegt das kleine weiße Dorf gleichen Namens. An einer Verzweigung gehen wir geradeaus weiter auf dem Bergrücken entlang.

Schließlich (**50Min**) stoßen wir auf den Weg nach Taborno. *Die Kurzwanderung folgt ihm nach links.* Wir überqueren den Weg und erreichen gleich dahinter einen Wasserhahn. Zu unserer Linken stehen zwei Häuser. Es bietet sich ein großartiger Rundblick, der die Playa del Tamadite (unser nächstes Wegziel), ferne, zum Meer hinziehende Bergrücken und den Roque Negro umfaßt. Vom Wasserhahn geht es rechts über den Bergrücken bergab; an einer Verzweigung halten wir uns links. Während des Abstiegs tauchen auf allen Seiten des Tals, scheinbar aus dem Nichts, kleine Weiler und freistehende Häuser auf. Nach zwei Minuten bergab gehen wir an drei Höhlenwohnungen vorbei, die aus der Felswand herausragen. Der Pfad führt links daran vorbei und in die Talsohle hinab. Innerhalb der nächsten zehn Minuten münden zwei Pfade von rechts ein. Bald erwartet uns ein wunderbarer Anblick: auf einem Felskamm stehen weiße Häuschen, eng zusammengeschart und von Feigenkakteen umgeben. Wir gehen unterhalb dieses Weilers vorbei und schwenken auf die linke Seite des Bergrückens hinüber, um weiter zum Bach hinabzuwandern. Aus diesem Blickwinkel bietet sich die schönste Sicht auf Afur, das auf einem Felsrücken liegt.

Eine Brücke führt uns über den Bach (**1Std25Min**). Hinter einer weiteren Übergangsstelle (eine Minute später) steigen wir nach Afur (Foto Seite 113) an, wo wir gleich hinter der Kapelle eine Bar finden. Um den Strand zu erreichen, folgen wir dem betonierten Pfad an der Bar vorbei etwa 15 m und gehen dann rechts einen Erdpfad hinab, der rechts am Schulhaus vorbeiführt. Nach zwei Minuten führt ein Pfad von links heran, dem wir nach rechts folgen. Sogleich erreichen wir eine Felsnadel, die sich linkerhand erhebt. Wir beginnen den Abstieg und befinden uns jetzt nicht weit oberhalb des Baches und kleiner Felder.

Am Ende eines Bergrückens verlassen wir den Pfad und gehen nach rechts (**1Std40Min**). Ein großer Felsbrocken zeigt die Stelle an. Nach Überschreiten des Bergrückens nehmen wir einen Pfad auf, der innerhalb des Barranco verläuft. Zwei Minuten später steigen wir über Geröll eine steile Felswand hinab. Auf diesem *absolut haarsträubenden* Abschnitt erweist sich ein kurzes Geländer als hilfreich, insbesondere für Wanderer, die nicht schwindelfrei sind. Wir erreichen einen Kammrücken (**1Std45Min**). Ein steiler Abstieg führt zum Bach hinab, den wir überqueren. Ein Gesteinsgang, der die Landschaft und den Barranco durchzieht, führt uns unmittelbar hinter der Bachüberquerung zu einem malerischen Plätzchen in der Schlucht. Dahinter steigen wir auf Stufen ein Stückchen die felsige Böschung empor.

Der Strand kommt in Sichtweite (**2Std05Min**). Zwei Minuten weiter unten gehen wir durch einen gepflegten, terrassierten Weinberg, wo wir uns rechts bergab halten. Unser Pfad verläuft stets oberhalb des Baches, der durch enge Felsdurchlässe fließt. Nach sechs Minuten Abstieg überqueren wir den Bach. Unmittelbar hinter einer Biegung des Baches überqueren wir ihn erneut und gelangen so wieder auf die linke Seite zurück. Von jetzt an folgen wir weglos dem Bach, den wir immer wieder überqueren. Zum Strand sind es nurmehr 15 Minuten. Unterwegs kommen wir an einigen wunderschönen Felsenbecken (Kolken) vorbei. Die Playa del Tamadite (**2Std30Min**) ist ein felsiger Strand, von hohen steilen Klippen umgeben. Ein ideales Plätzchen, um Abgeschiedenheit zu genießen. Das Schwimmen ist allerdings nur in den Wasserbecken möglich, denn das Meer ist viel zu stürmisch und gefährlich.

Nach erholsamer Rast machen wir uns auf den ermüdenden Rückweg. Wir gehen am Bach entlang zurück. Nach

Casa Negrín • Afur • Playa del Tamadite • Roque Negro

25 Minuten bergauf gelangen wir wieder auf unseren Pfad (nachdem wir in einer Biegung zweimal den Bach überquert haben). Nach weiteren 25 Minuten taucht der Gesteinsgang auf, der aus dieser Blickrichtung viel beeindruckender aussieht. *Der Abstieg zum Gesteinsgang erfordert unsere volle Aufmerksamkeit.*

Nach anderthalb Stunden sind wir wieder in Afur (**4Std**). Die Route nach Roque Negro beginnt hinter dem hohen Elektrizitätsgebäude (hinter der Kapelle, die rechts steht). Fünf Minuten später überqueren wir auf einer Brücke den Bach. Dahinter biegen wir sogleich nach links und gehen auf die oberhalb von uns gelegenen Häuser zu. Etwa zehn Minuten nach der Dorfmitte gehen wir an einem verlassenen Haus vorbei. Dieses Höhlenhaus ist in einen großen Fels hineingebaut; zwei Türen öffnen sich nach außen. Etwa zehn Minuten nach der Brücke verlassen wir den Pfad an der Stelle, wo er scharf nach rechts zu einem Haus schwenkt. Hier biegen wir nach links, dann sogleich wieder nach rechts zurück (gleich hinter einem kleinen Haus, das links steht). Der Pfad führt im Zickzack den Hang hinauf. Den Pfad, der unmittelbar oberhalb des Hauses verläuft, lassen wir unbeachtet. Unser Pfad liegt eine Minute weiter bergauf und führt in Richtung eines Fernsehmasts. Dieser Pfad führt uns oberhalb der beiden Häusern hinweg, die wir gerade passiert haben, und um den Hang herum in einen weiteren Barranco. Ab einer Rechtsabzweigung, an der wir vorbeigehen, beginnt ein merklicher Anstieg. Wir halten uns beim Aufstieg stets links. Nach 10 Minuten sind wir oben auf einem Bergrücken. Direkt vor uns am Ende des Bergrückens erblicken wir eine steile Felswand, an der eine weißgetünchte Höhlenwohnung auf einem Felsvorsprung klebt (Foto Seite 106). Zwei Schritte vor der Haustür geht es schon in den Abgrund hinab. An dieser Stelle gehen wir nach rechts hinauf. An den Hängen rechts von Afur sind Höhlenbehausungen zu sehen. Etwa 10 Minuten nach dem Haus mündet von links ein Pfad ein; ein weiterer mündet nach ein paar Minuten von rechts ein.

Nach etwa 50 Minuten Anstieg von Afur stoßen wir auf die TF1127 (**4Std50Min**). Hier könnten wir den Roque Negro-Bus erwarten. Der riesige »Schwarze Fels«, der dem Dorf seinen Namen gab, erhebt sich vor uns. Wir gehen nach Roque Negro hinein und folgen dann der Straße weitere 12 Minuten bergauf. Unmittelbar hinter einer scharfen Kurve, gegenüber dem Ortseingangsschild von Roque Negro, steigen wir links den Pfad empor (ausgeschildert »Degollada de las Hijas«). Dieser breite Pfad führt uns nach knapp zwei Stunden (**6Std40Min**) zur Hauptstraße (TF1123). Der Bus hält, wo der Pfad auf die Straße einmündet. Auf der gegenüberliegenden Straßenseite befindet sich ein Café, von wo sich herrliche Ausblicke über die nördlichen und südlichen Abhänge des Anaga-Gebirges bieten.

22 PICO DEL INGLES • BARRANCO DE TAHODIO • SANTA CRUZ

Karte auf der Rückseite der ausfaltbaren Inselkarte
Entfernung/Gehzeit: 8 km/3Std
Schwierigkeitsgrad: leichter bis mittelschwerer Abstieg über 1000 Höhenmeter
Ausrüstung: feste Schuhe oder Wanderstiefel, Pullover, Anorak, Sonnenhut, Proviant, Getränke
Anfahrt: 🚌 102 von Puerto nach La Laguna (Fahrplan 1); Fahrzeit 45Min; *umsteigen* in den 🚌 1.705, 1.706, 1.708 oder 1.710 (Fahrplan 16-19); Fahrzeit 30Min. Nach dem »Pico del Inglés« fragen; der Bus hält an der Abzweigung zu diesem Aussichtspunkt.
Rückfahrt: 🚌 102 von Santa Cruz nach Puerto (wie oben)

Der Mirador Pico del Inglés bildet den prächtigen Ausgangspunkt dieser Wanderung. Vom Mirador aus überblicken wir die vielen Täler, welche das Anaga-Gebirge zerschneiden. Im Westen erstrecken sich die Hochebenen von La Laguna und La Esperanza, dahinter erhebt sich der Teide. Unterhalb des Mirador können wir auch unseren Wanderweg erkennen. Der Winter ist die beste Jahreszeit für diese Tour, wenn uns kleine Wasserkaskaden und wassergefüllte Felsenbecken im Barranco de Tahodio erwarten.

Von der Bushaltestelle folgen wir der Straße knapp zehn Minuten zum Mirador. Nachdem wir den Ausblick genossen haben, **beginnt unsere Wanderung.** Wir gehen links an der geschlossenen Bar/Gaststätte vorbei zwischen Baumheide

Der alte Pflasterweg zum Barranco de la Alegría bildete einst eine bedeutende Verbindungsroute nach Santa Cruz. Der Winter ist die beste Jahreszeit für diese Tour; im Sommer ist der Unterlauf des Barranco ausgetrocknet.

Pico del Inglés • Barranco de Tahodio • Santa Cruz

bergab (gelber Wegweiser »Barrio de la Alegría«). Die beiden Seitenpfade, die nach drei bzw. sechs Minuten von links einmünden, lassen wir unbeachtet.

Wir passieren die Überreste eines Hauses sowie eine Höhle (**15Min**). Eine Minute später lassen wir einen schmalen Pfad unbeachtet, der links abzweigt. Dann gehen wir geradeaus über eine Wegkreuzung hinweg (**20Min**); ein Schild weist zum »Barrio de la Alegría«. Oben auf dem Bergrücken haben wir zu beiden Seiten Ausblicke auf die Täler (Picknick 22). Rechts öffnet sich der eindrucksvollere Barranco de Tahodio; über seine Hänge schneiden Bergrücken hinweg, und Ganggesteine strukturieren die Steilwand. In der Talsohle ist ein dunkler, trüber Stausee erkennbar. Der Pfad verzweigt sich (**25Min**), und wir gehen rechts weiter. Während des Abstiegs taucht Santa Cruz teilweise auf; dahinter werden die Hänge von La Esperanza sichtbar. Im Hintergrund erhebt sich der majestätische Teide. Dort, wo zwei Pfade links abzweigen, halten wir uns rechts (**45Min**). Fünf Minuten später gehen wir hoch am Hang an verlassenen Gebäuden vorbei. (Unmittelbar vor Erreichen der Häuser fallen eventuell zwei Aushöhlungen in der Böschung auf.) Hinter einer Rechtsabzweigung, an der wir vorbeigehen, kündet Hundegebell ein weiteres verlassenes Haus an. An der Stelle, wo sich der Pfad verzweigt (**1Std**), gehen wir rechts weiter und kommen bald zu diesem Haus hinab. Wir folgen dem Pfad, der unterhalb des Hauses vorbeiführt. Gleich dahinter weist uns ein Schild rechts nach »Barrio de la Alegría« hinab.

Wir überqueren den Bach, der in der Talmulde fließt (**1Std20Min**). Eine Minute später gehen wir unterhalb verlassener Häuser vorbei. Hier gedeiht *Tabaiba* im Überfluß. Bald folgen wir dem Bachlauf; falls es kürzlich geregnet hat, sind die Felsenbecken mit Wasser gefüllt. Ein kleiner Damm quert den Bachlauf (**1Std30Min**). Der sich anschließende Kanal führt am rechten Hang entlang. Unmittelbar hinter dem Damm zweigt rechts ein Pfad ab, wir jedoch halten uns links und wandern zwischen brachliegenden Felder. Dann überqueren wir den Hauptbach (**1Std40Min**). Wenige Minuten später überqueren wir ihn erneut; je nach Niederschlagsverhältnissen gibt es hier einen kleinen Wasserfall. Bald sehen wir rechts gepflegte Felder mit Mandel-, Feigen- und Mispelbäumen. Nach einer weiteren Bachüberquerung kommen wir an einem Schuppen vorbei, der von leuchtenden Geranien umgeben ist. Der Barranco hat sich beträchtlich verengt.

Wir überqueren das Bachbett noch zweimal und erreichen dann eine Straße (**2Std15Min**), der wir ermüdende 3 km nach Barrio de la Alegría (**3Std**) folgen. Dieser Vorort von Santa Cruz breitet sich linkerhand stufenförmig auf einem Hang aus. Von der Hauptstraße (Avenida de Anaga) entlang der Hafenanlagen fahren regelmäßig Busse ins Stadtzentrum; die Bushaltestelle liegt rechts, nicht weit von der Kreuzung.

23 TAGANANA • AFUR • TABORNO • LAS CARBONERAS

Karte auf der Rückseite der Inselkarte; siehe auch Foto Seite 102
Entfernung/Gehzeit: 9,2 km/5Std10Min
Schwierigkeitsgrad: anstrengend; steile Aufstiege über insgesamt 900 Höhenmeter sowie Abstiege über insgesamt 500 Höhenmeter
Ausrüstung: Wanderstiefel, Sonnenhut, Pullover, Anorak, Regenschutz, Getränke, Proviant
Anfahrt: 🚌 102 von Puerto nach Santa Cruz (Fahrplan 1); Fahrzeit 1Std; *umsteigen* in den 🚌 246 nach Taganana (Fahrplan 14); Fahrzeit 45Min
Rückfahrt: 🚌 1.705 von Las Carboneras nach La Laguna (Fahrplan 16); Fahrzeit 1Std05Min; *umsteigen* in den 🚌 102 nach Puerto (wie oben)
Kurzwanderung: Taganana — Aussichtspunkt auf die Täler von Afur und Taganana — Taganana: 4,5 km; 3Std; mittelschwerer Auf- und Abstieg über knapp 400 Höhenmeter; Ausrüstung wie oben, aber feste Schuhe sind ausreichend. Der Hauptwanderung zwei Stunden folgen und dann auf demselben Weg zurückkehren, um mit dem 🚌 246 (Fahrplan 14) nach Santa Cruz zurückzufahren.

Um die ländlichen Gegenden des Anaga-Gebirges zu erkunden, muß man über langgestreckte Höhenrücken aufsteigen und in tiefe schattige Täler absteigen. Bauern arbeiten auf den Feldern, schwer beladene Esel ziehen vorbei, und Frauen — sofern sie nicht auch auf den Feldern arbeiten — waschen Wäsche, während die Stimmen der Kinder, die an den Hängen spielen, durch das Tal klingen. Diese Wanderung ist anstrengend, jedoch nicht allzu lang, und da es für die Rückfahrt einen späten Bus gibt, kann man sich unterwegs Zeit lassen.

Taganana ist ein schönes Bauerndorf mit gepflasterten Straßen und typisch kanarischen Wohnhäusern. Ehe wir in das Dorf hineinfahren, macht uns ein großes ICONA-Schild (rechts) auf unsere Haltestelle aufmerksam. Das Buswartehäuschen, wo die **Wanderung beginnt**, steht in einer Parkbucht. Wir überqueren die Straße und folgen dem Asphaltsträßchen in die Ortschaft hinauf. Binnen einer Minute erreichen wir eine Verzweigung, an der wir nach links und dann sogleich nach rechts biegen. Eine halbe Minute später erreichen wir eine weitere Verzweigung, an der wir links weitergehen. Häuserreihen erstrecken sich über den Hang. Palmen, Mispeln, Drachenbäume und Orangenbäume schmücken die Gärten.

Wie überqueren eine kleine Brücke (**5Min**). Dahinter führt die Straße bergauf, wir jedoch biegen links auf ein ansteigendes Sträßchen ab, das sich bald als breiter gepflasterter Pfad fortsetzt. Einige Minuten geht es in Serpentinen an wunderschönen alten Häusern vorbei bergauf, bis wir wieder auf der Straße herauskommen. Wir folgen ihr nach links. Die letzten Häuser der Ortschaft stehen an den Hängen des Barranco dicht beisammen. Dort, wo sich die Straße nach links fortsetzt, folgen wir dem Pfad, der auf der rechten Seite

Taganana • Afur • Taborno • Las Carboneras

des Tälchens verläuft (hinter einem Schild, das ein Befahren nur für Motorräder gestattet). Hinter einigen Häusern, 50 m links oben, sehen wir ein reizendes weißes Wohnhaus zwischen grünen Bäumen und Büschen — ein herrliches Bild.

An einer Verzweigung (**50Min**) gehen wir rechts in Richtung Afur (Picknick 23) weiter. Wir kommen an bestellten Feldern vorbei, wo die Bauern fleißig arbeiten. An den Wiesenhängen weiter oben schlendern Hirten gemächlich in der Morgensonne ins Tal. Oberhalb davon, an der Baumgrenze, hört man das Rufen der Kinder, die hier Viehfutter sammeln. Der Pfad verengt sich, und bald verschwindet Taganana hinter den Hängen. Nur die großen grauen und mit Flechten bedeckten Felsbrocken fallen ins Auge, die links über den Hang reichen.

Von einem Paß (**2Std**) überblicken wir zwei sehr verschiedene Täler: das große Taganana-Tal ist scharfkonturiert und besitzt riesige Felsen, die aus der Landschaft herausragen, während das Afur-Tal aus Bergrücken und kleinen Taleinschnitten besteht. Oben auf diesen Bergrücken stehen vereinzelte Häuser. Jenseits des Bergrückens, auf dem Taganana

Die verstreuten Häuser von Afur und die umgebenden, messerscharf wirkenden Bergkämme sind für das Anaga-Gebirge typisch (Picknick 21; Wanderung 21 und 23; nahe Autotour 2 und 4).

liegt, erhebt sich weit im Hintergrund der Roque de Dentro aus dem Meer. *Die Kurzwanderung macht hier kehrt.*

Weiter nach Afur folgen wir einem Erdpfad nach rechts bergab. Nach zwei Minuten Abstieg gehen wir an der Rechtsabzweigung eines Weges vorbei. Alle weiteren Abzweigungen lassen wir ebenfalls unbeachtet. Der Pfad führt uns (stellenweise durch Baumheide) in knapp 20 Minuten zu den ersten Wohnhäusern hinab. Hier gelangen wir auf einen Weg (betonierte Fahrbahn); nach einer Minute bergab gehen wir an einer Rechtsabzweigung vorbei. Hinter einer Biegung steht ein Haus, dessen Fassade es mit der Farbenpracht des Gartens aufzunehmen versucht. Der Weg führt steil bergab und mündet nach 15 Minuten auf die Straße nach Afur. Wir folgen ihr nach rechts hinunter; das Glucksen eines Baches begleitet uns. Nach 20 Minuten auf der Straße bergab steigen wir unterhalb einer kleinen Parkbucht (links) über Stufen in den Ortsmittelpunkt hinunter (**2Std55Min**). Es besteht lediglich aus einer Kirche, einer Bar (Laden) und einigen bescheidenen Häusern.

Die weitere Route nach Taborno ist nicht beschildert. Sie beginnt hinter dem hohen Elektrizitätsgebäude, an dem wir auf dem Weg nach Afur hinab vorbeigekommen sind (unmittelbar vor der Kirche). Wir folgen diesem Pfad zu einem Zusammenfluß von zwei Bächen hinab; ein ideales Picknickplätzchen. Auf Teneriffa gibt es nur selten so reichlich fließendes Wasser, und sogar diese Quelle wird im Hochsommer zum Rinnsal. Ein Betonbrückchen führt über den ersten Bach. Zwischen Felsbrocken wandern wir weiter; nach einer Minute überqueren wir einen weiteren Bach. Sprudelndes Wasser ergießt sich in das bereits überlaufende Becken.

Hinter der zweiten Brücke biegen wir nicht nach rechts, sondern steigen vielmehr den Bergrücken hinauf. Affodill mit seinen langen dünnen Blättern und weißen Blütenständen sowie vereinzelte Stauden des purpurfarben blühenden *Senecio* bedecken die Hänge. Der Blick zurück auf Afur zeigt die herrliche Lage des Ortes; geschützt stehen die kleinen Häuser in ihren Nischen an der großen Felswand. An der nächsten Verzweigung ist es egal, wie wir uns entscheiden; beide Pfade führen zu unserem nächsten Ziel, einer kleinen Siedlung. Unsere Route schwenkt nach links und führt hinter den Häusern bergab. Felswände und wildwuchernde Feigenkakteen gestatten lediglich flüchtige Blicke auf die einzelnen Häuser. Nach zehn Minuten Anstieg erreichen wir ein freistehendes

Taganana (Picknick 23, Autotour 2)

Haus. Wenige Minuten danach gehen wir an der Verzweigung rechts weiter. Danach halten wir uns während des gesamten Aufstiegs rechts.

Überraschenderweise taucht eine weitere Häusergruppe auf. Vom restlichen Tal verdeckt, liegen die Behausungen geschützt am Berghang. Bellende Hunde locken die Kinder hervor, die uns winkend und lachend begrüßen. Unser Pfad zweigt rechts von den Häusern ab. Oberhalb der Häuser haben wir eine hervorragende Aussicht: der Blick erfaßt alle Häuschen, die sich an den Hängen und im Tal verstecken. Der massige schwarze Fels des Roque Negro, der sich schräg rechts erhebt, ist kaum zu übersehen. Ein paar Minuten später bieten sich bei einem Wasserhahn auf dem Kammrücken Ausblicke zum Strand hinab. Die Einheimischen benutzen das Wasser zum Wäschewaschen, aber es ist trinkbar. Die zwei Bauernhäuser (etwas links unterhalb von uns) sind die letzten freistehenden Häuser, bevor wir Taborno erreichen. Wir gehen auf den Weg oberhalb der Häuser zu und folgen ihm nach rechts. Bald kommt Taborno (Foto Seite 102) in Sicht, und wir erreichen die ersten Häuser (knapp **4Std**). Rotblühende Aloen säumen den Weg zum großen offenen Dorfplatz. Hier haben wir außergewöhnliche Ausblicke auf die messerscharf wirkenden Bergkämme.

Las Carboneras liegt auf dem gegenüberliegenden Bergrücken. Um den Fußweg dorthin zu erreichen, gehen wir von Taborno etwa 10 Minuten auf der Asphaltstraße. Die Abzweigung ist nicht markiert, aber wenn wir genau hinschauen, entdecken wir auf der rechten Straßenseite eine Lücke in der Leitplanke, wo der Pfad abzweigt. Unser einziger Orientierungspunkt ist ein ziemlich großer Felsen, der sich direkt neben der Straße (rechts des Pfades) erhebt. Unsere Route verläuft auf dem Kamm eines steilen Bergrückens. Die Überreste eines alten Heiligenschreins, den wir nach ein paar Minuten bergab links im Hang stehen sehen, dient uns als Bestätigung. Gleich unterhalb des Schreins teilt sich der Pfad. Wir halten uns links und gehen auf die grünen Felder zu. Unser Ziel ist die Barranco-Sohle; wir lassen daher alle Abzweigungen unbeachtet.

Wir überqueren einen Bach, der im Barranco fließt (**4Std 25Min**). Es folgt ein anhaltender Aufstieg. Wir überqueren ein weiteres Rinnsal (im Sommer ausgetrocknet) und halten uns dahinter rechts. Zwischen Ackerterrassen und Wiesenhängen wandern wir zur Asphaltstraße hinauf. Die Bushaltestelle liegt rechts, direkt am Ortseingang von Las Carboneras (**5Std 10Min**).

24 EL BAILADERO • CHINOBRE • CABEZO DEL TEJO • EL DRAGUILLO • ALMACIGA

Karte auf der Rückseite der ausfaltbaren Inselkarte; siehe auch die Fotos auf den Seiten 18 und 30-31

Entfernung/Gehzeit: 10 km/6Std

Schwierigkeitsgrad: mittelschwer bis anstrengend; Aufstieg über 300 Höhenmeter, anschließend steiler Abstieg über 800 Höhenmeter

Ausrüstung: Wanderstiefel, Pullover, Anorak, Regenschutz, Trillerpfeife, Proviant, Getränke

Anfahrt: 🚌 102 von Puerto nach Santa Cruz (Fahrplan 1); Fahrzeit 1Std; *umsteigen* in den 🚌 246 (Fahrplan 14); Fahrzeit 35Min. An der Haltestelle El Bailadero aussteigen (sie kommt vor dem Tunnel, unterhalb des Aussichtspunktes)
Rückfahrt: 🚌 246 von Almáciga nach Santa Cruz (Fahrplan 14); Fahrzeit 55Min; *umsteigen* in den 🚌 102 nach Puerto (wie oben)

Variante: Almáciga — El Draguillo — Almáciga: 9 km; 3Std45Min; mittelschwerer Auf-/Abstieg über 300 Höhenmeter; Ausrüstung wie oben. An-/Rückfahrt: 🚌 246 von Santa Cruz nach Almáciga und zurück (Fahrplan 14); Fahrzeit 55Min. Man wandert nach der Karte (auf der Rückseite der Inselkarte) auf einem Weg nach El Draguillo und kehrt auf demselben Weg zurück.

Unsere Busfahrt führt hinter Santa Cruz an der Küste entlang und endet mitten im Anaga-Gebirge, von wo aus wir nach Almáciga hinabwandern. Abseits der Fahrstraßen schlängeln sich Fußwege über die hohen, bewaldeten Bergkämme. Wir wandern durch dichten, ursprünglichen Lorbeerwald und genießen unterwegs herrliche Ausblicke.

Unsere Bushaltestelle liegt unmittelbar vor dem Straßentunnel, durch den die TF1124 in das Taganana-Tal führt. Obwohl wir einen Busfahrschein bis El Bailadero gelöst haben, müssen wir erst noch 15 Minuten zum Mirador hinaufwandern. **Der Pfad beginnt** auf der gegenüberliegenden Straßenseite der Bushaltestelle (bzw. Parkbucht). Nach knapp zehn Minuten Anstieg halten wir uns an der Verzweigung rechts. Wir erreichen die TF1123 und folgen ihr nach rechts (links befindet sich eine Bar/Gaststätte). Nachdem wir eine halbe Stunde auf dieser Straße gegangen sind (**45Min**), steigen wir an einem Schild nach »El Pijara« links einen Pfad hinauf. Zwischen den Bäumen können wir weit unten Almáciga erkennen. Nach etwa zehn Minuten Anstieg auf dem Pfad gehen wir an der Verzweigung links weiter. Dahinter halten wir uns stets auf dem Hauptpfad und gehen an allen Abzweigungen vorbei, die links bergabführen.

Kanarische Glockenblume

Wir treten aus dem Wald heraus und stoßen auf eine Straße, der wir nach links bergab folgen. Knapp zehn Minuten später erreichen wir den Anaga-Waldpark (**2Std**; Picknick 24a), ein idealer, schattiger Picknickplatz mit vielen Tischen und Bänken beiderseits der Straße. Hier verlassen wir wieder die Straße und gehen nach links vorne einen Weg hinauf, ausgeschildert

Im Lorbeerwald zwischen dem Chinobre und dem Roque Anambro (Wanderung 24 und 25)

»Cabezo del Tejo« und »Chinobre« (*nicht* dem *ganz linken* Weg folgen!). Bald verengt sich der Weg zum Pfad. Nach etwa 35 Minuten Anstieg machen wir an einer Linksabzweigung einen Abstecher zum Gipfel des Chinobre (909 m; **2Std35Min**; Picknick 24b). Hier befindet sich einer der besten Aussichtspunkte der ganzen Insel. Der Rundblick erfaßt den Teide, Santa Cruz, San Andrés, Taganana, Taborno und Almáciga. Zahllose Bergrücken zerschneiden das Anaga-Gebirge in schmale, abgelegene Täler.

Wir kehren zum Hauptpfad zurück und wenden uns nach links. Nach einer Minute bergab biegen wir an der Verzweigung nach links. Wir wandern jetzt durch die oben abgebildete Gegend. Schließlich (**3Std15Min**) stehen wir vor einem großen Felsvorsprung, der über den Bäumen dräut. Von diesem kahlen Fels namens Anambro bietet sich eine ausgezeichnete Aussicht auf die versteckten nördlichen Täler. Vom Cabezo del Tejo (**3Std45Min**) hat man einen schönen Blick nach Westen.

Am Ende dieses Aussichtspunktes bezeichnet ein Schild nach »El Draguillo« unseren steil bergabführenden Pfad. Bei Erreichen einer Kreuzung halten wir uns links. Nachdem wir aus dem Wald herauskommen, taucht oberhalb der Küste El Draguillo auf. Von unserer Höhe aus betrachtet besteht das Dorf aus einem einzigen Dächergewirr inmitten von Feigenkakteen (Foto Seite 30-31). In zahlreichen Kehren führt der steile Pfad zwischen Ackerterrassen bergab. Am Dorfeingang (**4Std30Min**) begrüßt uns der Drachenbaum, dem diese Ortschaft ihren Namen verdankt. »El Draguillo« heißt »Drachenbäumchen«; seit der Namensgebung ist der Baum zweifellos etwas größer geworden.

Unterhalb des Drachenbaums gehen wir an dem Weg vorbei, der rechts nach Las Palmas abzweigt, und folgen der Schotterstraße nach links. Ausblicke auf eine herrliche Küstenlandschaft begleiten uns. Ab Benijo (Picknick 24c) ist die Straße asphaltiert. Wir bleiben bis zur Abzweigung nach Almáciga auf der Straße. Dieses Dorf krönt eine Anhöhe (Foto Seite 18); von der TF1124 hinauf sind es zehn Minuten (**6Std**). Der Bus hält am Wartehäuschen nahe der Kirche.

25 EL BAILADERO • CHINOBRE • BARRANCO DE UJANA • LAS CASILLAS • IGUESTE

Karte auf der Rückseite der ausfaltbaren Inselkarte; siehe auch das Foto auf Seite 117

Entfernung/Gehzeit: 11 km/5Std45Min

Schwierigkeitsgrad: mittelschwer bis anstrengend. Ein Anstieg über 300 Höhenmeter und ein rutschiger Abstieg über 900 Höhenmeter auf überwucherten Pfaden. *Nur erfahrenen und abenteuerlustigen Wanderern zu empfehlen.*

Ausrüstung: Wanderstiefel, Pullover, Anorak, Regenschutz, lange Hose, langärmeliges Hemd, Proviant, Getränke

Anfahrt: 🚌 102 von Puerto nach Santa Cruz (Fahrplan 1); Fahrzeit 1Std; *umsteigen* in den 🚌 246 (Fahrplan 14); Fahrzeit 35Min. An der Haltestelle El Bailadero aussteigen (sie liegt vor dem Tunnel, unterhalb des Aussichtspunktes)
Rückfahrt: 🚌 245 von Igueste nach Santa Cruz (Fahrplan 15); Fahrzeit 30Min; *umsteigen* in den 🚌 102 nach Puerto (wie oben)

Kürzere Wanderung: El Bailadero — Chinobre — El Bailadero: 8,5 km; 3Std55Min; ziemlich anstrengender Auf-/Abstieg über 300 Höhenmeter; Ausrüstung wie oben. Der Hauptwanderung 2Std 35Min folgen und auf demselben Weg zurückkehren. Anfahrt wie oben; Rückfahrt mit derselben Buslinie.

Diese Wanderung führt uns von den Anhöhen des Anaga-Gebirges zum ruhigen Küstenort Igueste hinab. Unser Weg verläuft durch den dunklen, feuchten Barranco de Ujana

Wir nähern uns dem halbverfallenen Weiler Las Casillas (Picknick 25a)

El Bailadero • Chinobre • Barranco de Ujana • Igueste

mit seinem üppigen urwaldartigen Lorbeerwald bergab. Nur wenige Lichtstrahlen durchdringen das dichte Blätterdach. Farne versperren uns den Weg, alte Bäume sind mit dicken grünen Moosschichten überwachsen, und der Kanarienvogel, kein vertrauter Anblick mehr, erfreut uns mit seinem vergnügten Zwitschern. Las Casillas, ein längst verlassener Weiler hoch oben auf einem Bergrücken, bildet ein ideales Plätzchen für die Mittagsrast. Am Ende unserer Wanderung liegt Igueste, ein reizender Ort mit seinen Bäumen und gepflegten Feldern an den Talhängen.

Zunächst folgen wir Wanderung 24 (Seite 116) auf den Chinobre (**2Std35Min**). Von diesem herrlichen Aussichtspunkt kehren wir zum Hauptpfad zurück und wenden uns nach links. Nach einer Minute bergab biegen wir an der Verzweigung erneut nach links. Dieser Pfad, dem auch Wanderung 24 folgt (Foto S. 117), führt zum Cabezo del Tejo; wir verlassen ihn jedoch nach 10 Minuten. Unsere Rechtsabzweigung ist zwar etwas verdeckt, jedoch deutlich markiert: sie kommt, gleich nachdem wir einige Erdstufen hinuntergestiegen sind. Außerdem ist einen Meter *hinter* unserer Abzweigung ein *Sendero turístico*-Schild hoch an einem Baum angenagelt.

Wir wandern nach rechts die Hangkerbe hinab; es gibt *keinen* richtigen Pfad. Fünf Minuten später erreichen wir einen Erdweg, dem wir nach rechts folgen. Nach drei Minuten (130 m) auf diesem Weg halten wir rechts auf der Böschung nach einem *Sendero turístico*-Schild Ausschau (etwa 3 m oberhalb des Weges). 35 m hinter diesem Schild nehmen wir in einer Biegung wieder unsere absteigende Wanderroute auf. Wir wandern in den Wald zurück (**2Std 55Min**) und folgen einem schmalen Bachbett im Barranco bergab. Eventuell müssen wir einen umgestürzten Baumstamm umgehen, doch nach einer Minute wird ein Pfad deutlich: wir folgen ihm nach rechts aus dem Bachbett heraus. Es geht durch Unterwuchs und über umgestürzte Bäume hinweg, bis wir einen Weg erreichen (**3Std05Min**). Hier sehen wir links ein Schild »Hoya Ujana«. Wir folgen dem Weg ein paar Meter nach links hinunter, bis wir rechts auf unseren dichtbewachsenen Pfad abbiegen können. Es gibt hier *keine* Wegzeichen; wir befinden uns wieder in einem Bachbett. Nach einigen Minuten bergab ist die Wasserrinne zu schlammig und rutschig, um weiterzugehen. Wir gehen auf die linke Bachseite hinüber und folgen dem schmalen Pfad eine Minute bergab. Dann gehen wir wieder zum Bachbett hinunter (wahrscheinlich auf dem Hinterteil), *ehe das Bachbett scharf nach rechts biegt*. Nun überqueren wir es und steigen die rechte Seite der Schlucht hinauf; dabei behalten wir stets den Bach in Sichtweite. Unsere Route wird zum Hindernislauf, während wir über umgestürzte Bäume steigen und uns den Weg durch Büsche bahnen.

Knapp zehn Minuten nach Überqueren des Bachbetts beginnt eine Reihe von Bachüberquerungen, in Abständen von ein bis zwei Minuten. In der Nähe des Wasserlaufs können wir Kanarienvögel hören (und mit etwas Glück auch sehen). Die letzte Überquerung führt uns zu einem winzigen Damm (dem zweiten) im Bach. Jenseits des Baches stehen zwei große Wassertanks (**3Std35Min**). Die Fortsetzung unseres Pfades liegt hinter und unterhalb dieser Tanks (Picknick 25b). Wir überqueren nicht das Bachbett, sondern halten uns links davon.

Dann erreichen wir die TF1123 (**3Std40Min**), der wir nach links bergab folgen. Nach einigen Minuten biegen wir in einer scharfen Kurve rechts auf einen deutlichen Schotterpfad, der zwischen Bäumen hinabführt. Fünf Minuten später passieren wir einen kleinen Wasserfall. Am Bachbett gedeiht Yams. Wir lassen alle kleinen Abzweigungen unbeachtet, die auf die Felder führen. Nach 25 Minuten bergab halten wir uns jedoch an einer Verzweigung des Pfades links. Wir lassen nun allmählich den Barranco hinter uns, während der Aufstieg zum Kammrücken beginnt. Zwei Minuten später zweigt rechts ein Pfad ab, wir jedoch halten uns links. Wir lassen die rechts ansteigenden Pfade sowie einen Pfad nach links unbeachtet. Überall auf dem felsigen Kammrücken stehen die verlassenen Steinhäuschen von Las Casillas (**4Std20Min**; Picknick 25a; Foto Seite 118).

Von Las Casillas steigen wir in den Barranco de Igueste ab, der rechts unterhalb des verlassenen Weilers liegt. Zunächst überqueren wir einen Bergrücken und gehen dann auf dessen rechter Hangseite bergab. Weit unten liegt Igueste. 15 Minuten nach Las Casillas befinden wir uns wieder auf dem Bergrücken. Eine gute Minute später erreichen wir die Abzweigung nach Igueste: 30 m hinter dem letzten Mast oben auf dem Bergrücken gehen wir nach rechts zwischen großen Kandelaber-Euphorbien (*Cardón*) bergab. Schließlich (**5Std20Min**) geht es auf einer Asphaltstraße weiter. Wir stoßen auf die Hauptstraße und folgen ihr nach links zur Endhaltestelle des Busses bzw. dem Parkplatz auf der Ostseite des Barranco (**5Std45Min**).

Der Strand bei Igueste (Wanderung 25 und 27; Picknick 27; Autotour 2)

26 CHAMORGA • ROQUE BERMEJO • FARO DE ANAGA • TAFADA • CHAMORGA

Karte auf der Rückseite der ausfaltbaren Inselkarte; siehe die Fotos auf den Seiten 18 und 30-31

Entfernung/Gehzeit: 7 km/4Std05Min

Schwierigkeitsgrad: anstrengender Ab- und Aufstieg über 600 Höhenmeter; **Schwindelgefahr.** Wer nicht schwindelfrei ist, für den ist der Rückweg *unbegehbar*. In diesem Fall kann man über den Hinweg zurückkehren.

Ausrüstung: feste Schuhe (Wanderstiefel sind besser), Pullover, Anorak, Regenschutz, Proviant, Getränke, Trillerpfeife

An- und Rückfahrt: mit Mietwagen oder Taxi nach Chamorga

Variante: Chamorga — Roque Bermejo — Faro de Anaga — El Draguillo — Almáciga: 13 km; 6Std30Min; anstrengend (Anstiege über insgesamt 400 Höhenmeter, Abstiege über insgesamt 950 Höhenmeter); Ausrüstung und Anfahrt wie oben. Auf dieser Tour, die etwas leichter als die Hauptwanderung ist, erwandern wir einige der sehenswertesten Landschaften der Insel. Wir folgen der Hauptwanderung bis zur 2Std10Min-Stelle, wo sie vom Hauptpfad abzweigt und einen Kammrücken nach Tafada hinaufführt. Stattdessen gehen wir geradeaus auf dem Hauptpfad weiter. Zehn Minuten hinter der Abzweigung erreichen wir einen reizenden Picknickplatz an einer Quelle. Gleich hinter einem mächtigen Felsbrocken stoßen wir auf eine erste Verzweigung, gehen nach rechts und biegen dann sogleich nach links. Einige Minuten später biegen wir wiederum nach links. Wir erreichen Las Palmas (3Std). Nun geht man entweder an den Klippen entlang (stets rechts halten) oder aber, falls man nicht schwindelfrei ist, an der Verzweigung nach links und bergauf durch Las Palmas: es geht ansteigend an den drei Häusern vorbei; hinter dem letzten biegt man nach links. Gut eine Minute später (fünf Minuten nach der Verzweigung) biegen wir nach rechts und gehen an einer alten Kapelle vorbei. Nach ein paar Minuten stoßen wir wieder auf den Klippenpfad. Nach vier Stunden Gesamtgehzeit ist El Draguillo (Foto Seite 30-31) erreicht; der Weiler liegt unterhalb der Einmündung auf den Fahrweg. Ab hier folgen wir dem Fahrweg 2 1/2 Stunden nach Almáciga (Foto Seite 18).

Ausgangs- und Endpunkt unserer Wanderung ist Chamorga, ein ruhiges kleines Dorf, malerisch im einsamen Nordosten der Insel gelegenen. Hinter Chamorga folgen wir einer engen schattigen Schlucht, die sich zur idyllischen Bucht von Roque Bermejo hinunterwindet; die Bucht ist nur zu Fuß oder mit dem Boot erreichbar. Ein alter Leuchtturm, der noch in Betrieb ist, warnt vor dem Roque Bermejo. Dieser spitze, rötliche Felsen klammert sich weit unten an eine Landspitze. Unser Rückweg nach Chamorga führt an felsigen Bergkämmen entlang; über Wiesenhänge hinweg bieten sich schöne Ausblicke aufs Meer. In Dorfnähe sehen wir vielleicht die Überreste eines alten Kohlenmeilers, bei dem das Holz unter einer Schicht feuchter Erde verschwelt. Obgleich veraltet, wird diese Methode noch heute in den ärmeren, abgelegeneren Gegenden Teneriffas angewandt.

Die **Wanderung beginnt** am Dorfplatz. Links der Kapelle gehen wir auf dem Pfad in die Schlucht hinunter. Nach einer halben Minute bergab weist uns ein Schild nach »Roque Bermejo« nach rechts. In der feuchten Talsohle gedeiht Spanisches Rohr. Nach fünf Minuten Abstieg bietet sich an einem Wasserhahn die letzte Gelegenheit, Wasser zu fassen. Der Pfad führt uns ohne Abzweigungen zum Strand hinunter. Ein kleiner Bach plätschert in der Schlucht und füllt die Felsenbecken mit frischem Naß. Ein weißes Haus, das im Kerbtal des Barranco steht, ist unser erster Orientierungspunkt; die Schlucht öffnet sich zum nahen Meer hin (**40Min**). Ein breiter Weg, der vom Meer heraufführt, deutet auf Zivilisation hin. Eine Minute später kommt der große Fels des Roque Bermejo in Sicht; er ist der Inselspitze vorgelagert.

Fünf Minuten später umrunden wir die Flanke des Berghanges; der Leuchtturm löst das Rätsel des breiten Weges. Wir erreichen zwei alte Häuser, die oberhalb eines kleinen Talbeckens zusammenstehen (**45Min**). Unten in der Schlucht stehen Wasserbecken zur Vorsorge für die langen trockenen Sommermonate. Hohe Steilwände umgeben das landwirtschaftlich genutzte Talbecken, das von einer einzigen Familie bewirtschaftet wird. Um zu diesen Feldern hinabzugelangen, biegen wir an dem alten Gebäude nach links und gehen den steilen Pfad hinunter. Der Duft des kanarischen Lavendels liegt in der Luft. Wir kommen an einem kleinen Wohnhaus vorbei, das gut versteckt hinter Sträuchern und Bäumen mitten in den Feldern liegt.

An einer Wegkreuzung (**55Min**) weisen Schilder in alle Richtungen: links nach »El Faro« und »Las Palmas«, rechts nach »Bermejo«. Wir gehen rechts weiter und erreichen nach einigen Minuten bergab eine kleine Kapelle und ein großes unbewohntes Haus; an dieser Stelle haben wir einen ausgezeichneten Blick auf die Bucht hinab. Ein Schild besagt, daß wir uns im Weiler Roque Bermejo befinden. Nach zehn Minuten sind wir am Fischerhafen und dem steinigen Strand. Rechterhand stehen einige Fischerhäuser. Verborgen zwischen den Felsen liegt am Fuße des Roque Bermejo ein kristallklares Wasserbecken, das jedoch nur bei Ebbe zugänglich ist. Für gute Schwimmer ist der Hafenbereich ideal. Diese wunderschöne Felsbucht ist von den Steilhängen der Landspitze umgeben.

Wir kehren wieder zur Wegkreuzung zurück (**1Std15Min**) und gehen auf dem alten Weg zum Leuchtturm hinauf. Nach etwa 50 Minuten steilen Aufstiegs sind wir am Faro de Anaga. Hier können wir eine Verschnaufpause einlegen und die Gegend betrachten. Links vom Leuchtturm setzt sich unser Pfad über Felsen fort. Vom Kammrücken hinter dem Leuchtturm aus sind die Roques de Anaga sichtbar.

Fünf Minuten oberhalb des Leuchtturms (eine gute Minute den Kammrücken hinauf) verlassen wir den Hauptpfad (**2Std10Min**) und gehen links auf einem schmaler Pfad weiter zum Kamm hinauf. Dieser Pfad führt direkt den Bergrücken hinauf, so daß man sich nicht verirren kann. Ein schwarzes Stromkabel, das den Bergrücken hinab zum Leuchtturm führt, dient gegebenenfalls als Anhaltspunkt. *Der Hauptpfad führt nach Las Palmas weiter; ihm folgt die Route der Variante.* Unsere Route führt jedoch den sehr steilen Grashang hinauf; zu beiden Seiten des Bergrückens bieten sich gute Ausblicke.

Wir verlassen schließlich den Kammrücken und wandern stetig ansteigend landeinwärts. Das Gelände wird steiler und felsiger, während wir rasch an Höhe gewinnen. Wer nicht an Höhen gewöhnt ist, dem wird hier eventuell schwindlig. Riesige Rosetten (*Aeonium*) bedecken die nackten Felswände. Wir gehen durch ein Tor aus Holz und Blech. Zehn Minuten später müssen wir *aufpassen*: der Pfad *scheint* sich auf gleichbleibender Höhe am Hang fortzusetzen. Unsere Route führt jedoch tatsächlich nach *links* über den Felshang bergauf; sie ist nicht leicht zu finden. Falls man auf einem Felsen am Felshang herauskommt, ist man zu weit gegangen. In diesem Fall geht einige Meter zurück und dann oberhalb davon bergauf. Tafada besteht lediglich aus einem alleinstehenden Steingebäude, das geborgen in einer Senke des Bergrückens liegt (**3Std20Min**). Hier bietet sich ein guter Ausblick hinab in den Barranco de Roque Bermejo.

Um nach Chamorga zu gelangen, gehen wir auf der linken Seite des Bergrückens weiter bergauf; bald taucht ein *sehr* schmaler Pfad auf. Während einiger Minuten auf diesem Abschnitt sind Schwindelgefühle möglich. Drei Minuten später gehen wir um einen Kammrücken herum, und in der Ferne kommt etwas abseits vom Dorf das Schulhaus in Sicht. An dieser Stelle beginnt der Pfad seinen Abstieg. Eine steile, in den Abhang eingebettete Felswand verlangsamt unser Tempo, da wir auf allen Vieren hinunterklettern müssen. Auch auf diesem Abschnitt ist *Schwindelfreiheit erforderlich*. In dieser Gegend stoßen wir vielleicht auf einen Kohlenmeiler; riesige Rauchwolken verraten ihn.

Dann bietet sich ein herrlicher Blick auf Chamorga (**3Std50Min**; Picknick 26). Während des Abstiegs fällt ein Felsen am Ende des Kammrückens auf, der wie ein Hundekopf aussieht. Jenseits des Tals liegt Cumbrilla geschützt auf einem parallel verlaufenden Kammrücken. Nach 15 Minuten Abstieg erreichen wir die ersten Häuser und eine Bar mit Laden (**4Std05Min**). Hier kann man den vorzüglichen örtlichen Wein probieren und Ziegenkäse kaufen, bevor man zur Bushaltestelle geht.

27 IGUESTE • MONTAÑA DE ATALAYA • BARRANCO DE ZAPATA • PLAYA DE ANTEQUERA • IGUESTE

Karte auf der Rückseite der ausfaltbaren Inselkarte; Fotos auf Seite 120
Entfernung/Gehzeit: 9 km/5Std30Min
Schwierigkeitsgrad: sehr anstrengend. Auf- und Abstiege über insgesamt 900 Höhenmeter; **Schwindelgefahr**. *Nur absoluten Wanderprofis zu empfehlen.*
Ausrüstung: Wanderstiefel, Pullover, Anorak, Sonnenhut, Regenschutz, Trillerpfeife, Proviant, Getränke
Anfahrt: 🚌 102 von Puerto nach Santa Cruz (Fahrplan 1); Fahrzeit 1Std; *umsteigen* in den 🚌 245 nach Igueste (Fahrplan 15); Fahrzeit 30Min.
Rückfahrt: Busverbindung wie oben
Kurzwanderung: Igueste — »Semáforo« — Igueste: 6 km; 3Std10Min; anstrengender Auf-/Abstieg über 400 Höhenmeter, jedoch keine Schwindelgefahr. Ausrüstung und Anfahrt siehe Hauptwanderung. Der Hauptwanderung 1Std40Min folgen, dann weiter zum alten verlassenen Leuchtturm Semáforo gehen. Rückkehr auf demselben Weg.

Die Playa de Antequera liegt in einer der schönsten Buchten Teneriffas. Nur zu Fuß oder mit dem Boot erreichbar, ist dieser friedliche kleine Hafen etwas ganz Besonderes. Von den Anhöhen der Montaña de Atalaya sieht diese versteckte Bucht, in derem blauen Wasser sich die Sonne spiegelt, wahrhaft herrlich aus. Ins Meer hinaus erstreckt sich der hohe Fels des Roque de Antequera, der die Bucht vor dem Passatwind schützt. Nur der freundliche Strandwart, seine Frau und ein Hund wohnen hier.

Eine kurze Fahrt an der Küste entlang, oberhalb kleiner Sandbuchten, die zwischen den Klippen liegen, führt uns nach Igueste (de San Andrés), unserem Ausgangspunkt. Dieses stolze Dörfchen mit seinen Mango-, Avocado-, Guaven- und Bananenhainen liegt etwas oberhalb des Meeres im gleichnamigen Barranco. Wir steigen an der Endhaltestelle des Busses aus (einer Wendeschleife und einem Buswartehäuschen am *östlichen* Ufer des Flüßchens).

Zunächst folgen wir einem gepflasterten Pfad (»Casas de Abajo«), dann biegen wir links in die »Pasate Julio« und wandern in Richtung einer rot-weißen Fernsehantenne. An der Fernsehantenne biegen wir nach links (weiße Punkte) in Richtung Friedhof. Am oberen Ende von Treppenstufen weist ein weißer Pfeil auf unseren Pfad (links); auf dem Felsen befindet sich weißes Wegzeichen. Der Anfang dieses Erdpfades ist ziemlich unscheinbar, aber nach wenigen Metern verbreitert er sich und wird im Verlauf deutlicher.

Wir lassen das Dorf hinter uns (**20Min**) und steuern nun den alten Leuchtturm an. Der »Semáforo« war in Betrieb, als es noch keine Funknavigation gab. In den Hang eingekerbt, steigt unser Pfad unerbittlich an. Wolfsmilchgewächse, Feigenkakteen und *Valo* mit seinen leuchtendgrünen, nadelartig herabhängenden Zweigen bedecken die Hänge. Im Frühling blühen weiße Chrysanthemen. Von einem auffälligen Felsen, der sich direkt neben dem Pfad erhebt, bietet sich ein guter Ausblick (**1Std**) über die Küste in Richtung Santa Cruz.

Unmittelbar bevor der Pfad sich verflacht (**1Std40Min**), müssen wir nach links biegen und einen holprigen, felsigen Steig zum Kammrücken hinaufklettern. (An der Stelle, wo man links abbiegt, ist ein Stück jener Felswand abgebrochen, der man soeben ein Stück gefolgt ist.) *Die Kurzwanderung setzt sich von hier zum Leuchtturm fort.* Oben auf dem Kamm gehen wir nach links weiter. Nach fünf Minuten erreichen wir eine verfallene alte Kapelle (**1Std50Min**). Weit unten liegt Igueste oberhalb von Obstgärten. Die Montaña de Atalaya, nur wenige Gehminuten nach rechts gelegen (durch eine auffällige weiße Säule gekennzeichnet), bietet den besten Ausblick auf die Playa de Antequera. Es gibt keinen Pfad zum Gipfel, aber man kann problemlos weglos aufsteigen. Die Route ist ziemlich gut mit grünen Farbtupfen bzw. weißen Pfeilen sowie den üblichen Steinmännchen markiert. Gelegentlich weist ein X auf einen falschen Weg hin.

Hinter der Kapelle müssen wir *aufmerksam* auf unsere Abzweigung in den Barranco de Zapata achten: Vom Kammrücken steigen wir etwa 15 Minuten ab, bis sich der Pfad verflacht hat. Dann biegen wir rechts auf den schmalen Pfad. Auf den nächsten 20 Minuten ist die Route nur schwer erkennbar; sie wird immer undeutlicher. Manchmal teilt sie sich in mehrere Pfade, aber sie alle laufen früher oder später wieder zusammen und führen zum Strand hinab.

Unsere Hauptrichtung ist die Barranco-Sohle. In steilem Abstieg geht es zwischen verfallenen Ackerterrassen in das Tal hinunter. Ehe wir die Talsohle erreichen, überqueren wir ein

Aeonium nobile

Ranunculus cortusifolius

Euphorbia atropurpurea

Vinagrera (Rumex lunaria)

Senecio

Codéso (Adeno-
carpus foliolosus)

Margarita
(Argyranthemum)

Valo
(Plocama pendula)

Retama

ausgetrocknetes Bachbett (nach 20 Minuten Abstieg rechterhand). Drei Minuten später erblicken wir in einer schmalen Seitenschlucht eine Gruppe überwucherter Feigenbäume.

Wir erreichen die Barranco-Sohle (**2Std10Min**) und überqueren ein ausgetrocknetes Bachbett oberhalb eines kleinen trockenen Wasserfalles. Auf dem folgenden anhaltenden Aufstieg bleiben wir stets auf der linken Seite des Barranco de Zapata. Dunkle klaffende Löcher öffnen sich in den Berghängen, an denen *Cardón* gedeiht. Wir überqueren ein weiteres ausgetrocknetes Bachbett; dahinter geht es wieder bergauf. Alle Pfade zum Bach hinab lassen wir unbeachtet. Einige Minuten später sehen wir zwei kleine Viehpferche, die von Schäfern unter einem felsigen Überhang angelegt wurden. Fünf Minuten hinter den Pferchen müssen wir ein paar Meter hinaufklettern (unmittelbar hinter einem ausgetrockneten Wasserlauf). Dann gehen wir nach rechts entlang der steilen Felswand; nach einer guten Minute gelangen wir wieder auf unseren Pfad.

Dann (**2Std30Min**) versperrt uns ein Gesteinsgang den Weg; er führt die Steilwand hinab und verhindert den Blick auf die Bucht. Wir gehen unter einem kleinen Felsbogen hindurch, der wirkungsvoll die heitere Schönheit der Playa de Antequera umrahmt. Unmittelbar danach biegen wir nach links und steigen wieder an. Hier besteht Schwindelgefahr, denn der Pfad klammert sich förmlich an den sehr steilen Hang. Hoch über dem Meer klettert dieser sehr schmale Ziegensteig über große Felsflächen. *Tabaiba* und leuchtendgrüne *Valo*-Sträucher bedecken die Hänge.

Unmittelbar bevor es um einen Bergrücken herumgeht, führt der Pfad nach rechts bergab (oberhalb eines weiteren Barranco). Genau hier auf dem Hangvorsprung verlassen wir den Pfad und klettern rechts zur Playa de

Igueste • Playa de Antequera • Igueste

Antequera hinab (knapp **3Std**). Bei Ebbe gibt es einen kleinen Sandstrand. Zwei einsame Häuser (in einem davon wohnt der Strandwart) stehen oberhalb des Strandes in einer Hangbiegung. Am Ende des Strandes befindet sich ein kleiner Hafen mit einer verlassenen Bar.

Für den Rückweg klettern wir die steile sandige Böschung empor, bis wir nach etwa 10-15 Minuten bergauf auf einen Pfad gelangen. Unsere Orientierungspunkte auf dem Rückweg sind der Gesteinsgang, die alten Viehpferche und die Durchquerung des Barranco zur gegenüberliegenden Seite. Dieser Abschnitt zum Pfad hinauf, der zur verfallenen Kapelle führt, ist in dieser Richtung etwas schwieriger, da die Route nicht immer deutlich erkennbar ist. Nachdem wir das ausgetrocknete Bachbett hinter den Feigenbäumen durchquert haben, gehen wir mehr oder weniger geradeaus bergauf. Bald stoßen wir auf den Pfad. Die nächste problematische Stelle kommt fünf Minuten nach der alten Kapelle, wo man den Kammrücken verläßt. An der Abzweigung befindet sich ein flacher, runder Felsbrocken auf dem Kamm. Hier führt unser Pfad wieder zum »Semáforo«-Pfad zurück und dann nach Igueste hinunter. Wir erreichen den Ort 2 1/2 Stunden nach der Playa de Antequera (**5Std30Min**). Am felsigen Strand bei Igueste (s.S. 120) können wir bis zur Abfahrt des Busses verweilen.

Zistrose

Sonchus ortunoi

Palo sangre (Sonchus tectifolius)

Meerfenchel (Crithmum maritimum)

Andryala cheiranthifolia

BUSFAHRPLÄNE

Untenstehend eine Übersicht der Zielorte, die in den nachfolgenden Fahrplänen aufgeführt sind. Diese Fahrpläne enthalten die Busverbindungen zu allen Wanderungen. Die Nummer hinter den Ortsnamen entspricht der jeweiligen **Fahrplannummer**. Es gibt weitere Buslinien *und Abfahrtszeiten* als hier aufgeführt; siehe den aktuellen TITSA-Fahrplan.

Afur 17	Carboneras, Las 16	Igueste 15	Palmar, El 11	13
Aguamansa 2, 5	Casa Negrín 16, 17	Laguna, La 1, 13,	Palo Blanco 10	Realejo Alto 10
Almáciga 14	Cruz de Taganana	16-19	Pico del Inglés 16-	Roque Negro 17,
Arona 9	17, 18	Llanos, Los 7	19	18
Bailadero, El 14	Cruz del Carmen	Montaña Blanca 5,	Playa de las Amé-	Santa Cruz 1, 12-
Benijos 10	16, 18	9	ricas 9, 12	15
Buenavista 6, 11	Erjos 7	Montañeta, La	Portelas, Las 11	Taborno 16
Caldera, La 2	Guancha, La 4	oberhalb Icod 8	Portillo, El 5, 9	Taganana 14
Cañadas, Las	Icod de los Vinos 4,	nahe El Palmar 11	Puerto de la Cruz	Teide-Seilbahn 5, 9
Parador, Besucher-	6, 7, 8	Orotava, La 2, 3, 5,	1-6	Vega, La 8
zentrum 5, 9	Icod el Alto 4	10	Punta del Hidalgo	Vilaflor 9

1 🚐 102: Puerto de la Cruz — Santa Cruz; EXPRESS; täglich

Puerto	La Laguna	Santa Cruz
07.15	08.00	08.15
	sowie alle 30 Minuten bis	
21.15	22.00	22.15
Santa Cruz	La Laguna	Puerto
07.30	07.45	08.30
	sowie alle 30 Minuten bis	
20.30	20.45	21.30
21.15	21.30	22.15

2 🚐 345: Puerto de la Cruz — La Caldera; täglich

Puerto	La Orotava	Aguamansa	La Caldera
07.00*	07.15*	08.00*	—
08.00*	08.15*	09.00*	—
08.45	09.00	09.45	09.50
	sowie alle 45 Minuten bis		
17.15	17.30	18.15	18.20
La Caldera	Aguamansa	La Orotava	Puerto
10.00	10.05	10.50	11.05
	sowie alle 45 Minuten bis		
18.25	18.30	19.15	19.30
—	19.15*	20.00*	20.15*
—	20.00*	20.45*	21.00*
—	20.45*#	21.30*#	—
—	21.15*	22.00*	22.15*

*endet/beginnt in Aguamansa; #nur nach La Orotava

3 🚐 350: Puerto de la Cruz — La Orotava; täglich

Puerto	La Orotava		La Orotava	Puerto
06.30	06.45		06.30	06.45
sowie alle 30 Minuten bis			*sowie alle 30 Minuten bis*	
23.00	23.15		23.30	23.45

4 🚐 354: Puerto de la Cruz — Icod de los Vinos; täglich

Puerto	Icod el Alto	La Guancha	Icod de los Vinos
07.30	08.05	08.15	08.30
	sowie stündlich jeweils um halb bis		
20.30	21.05	21.15	21.30
Icod de los Vinos	La Guancha	Icod el Alto	Puerto
08.00	08.15	08.45	09.00
	sowie stündlich jeweils um halb bis		
20.00	20.15	20.45	21.00

5 🚌 348: Puerto de la Cruz — Las Cañadas; täglich

Puerto (Abfahrt)	09.15	Parador (Abfahrt)	16.00
La Orotava	09.30	Teide-Seilbahn	16.15
Aguamansa	10.15	Montaña Blanca	16.30
El Portillo	10.45	Besucherzentrum	16.40
Besucherzentrum	10.50	El Portillo	16.45
Montaña Blanca	11.00	Aguamansa	17.15
Teide-Seilbahn	11.15	La Orotava	18.00
Parador	11.30	Puerto	18.15

6 🚌 363: Puerto de la Cruz — Buenavista; täglich

Puerto	San Juán	Icod de los Vinos	Buenavista
06.00	06.20	06.45	07.45
	sowie stündlich jeweils zur vollen Stunde bis		
22.00	22.20	22.45	23.45
Buenavista	Icod de los Vinos	San Juán	Puerto
06.30	07.30	07.55	08.15
	sowie stündlich jeweils zur vollen Stunde bis		
20.30*	21.30*	—	—

*Der Bus um 20.30 endet in Icod de los Vinos; alle andere Busse fahren bis Puerto

7 🚌 460: Icod de los Vinos — Guía de Isora; täglich

Icod	Erjos	Los Llanos-Abzweigung	Santiago	Guía de Isora
07.30	08.05	08.10	08.15	08.45
10.00	10.35	10.40	10.45	11.15
12.00	12.35	12.40	12.45	13.15
14.15	14.50	14.55	15.00	15.30
16.00	16.35	16.40	16.45	17.15
18.00	18.35	18.40	18.45	19.15
20.15	20.50	20.55	21.00	21.30
Guía de Isora	Santiago	Los Llanos-Abzweigung	Erjos	Icod
07.45	08.15	08.20	08.25	09.00
10.00	10.30	10.35	10.40	11.15
11.45	12.15	12.20	12.25	13.00
14.15	14.45	14.50	14.55	15.30
16.00	16.30	16.35	16.40	17.15
18.00	18.30	18.35	18.40	19.15
19.45	20.15	20.20	20.25	21.00

8 🚌 360: Icod de los Vinos — La Montañeta (San José-Bus); täglich

Icod	La Montañeta	*La Vega*	La Montañeta	Icod
07.15	07.50	liegt genau	12.15	12.50
11.30	12.05	zwischen	16.00	16.35
15.15	15.50	Icod und	19.15	19.50
18.30	19.05	La Montañeta	20.40	21.15

9 🚌 342: Playa de las Américas — Las Cañadas; täglich

Playa de las Américas (Abfahrt)	09.15	El Portillo (Abfahrt)	15.15
Los Cristianos	09.30	Besucherzentrum	15.20
Arona	09.40	Montaña Blanca	15.30
Vilaflor	10.00	Teide-Seilbahn	15.40
Parador	11.00	Parador	16.00
Teide-Seilbahn	11.15	Vilaflor	17.00
Montaña Blanca	11.30	Arona	17.20
Besucherzentrum	11.40	Los Cristianos	17.30
El Portillo	11.45	Playa de las Américas	17.45

130 Landschaften auf Teneriffa

10 🚌 347: La Orotava — Realejo Alto; täglich

La Orotava	Benijos	Palo Blanco	Cruz Santa	Realejo Alto
09.10	09.30	09.40	09.50	10.00
11.05	11.25	11.35	11.45	11.55
13.05	13.25	13.35	13.45	13.55
15.05	15.25	15.35	15.45	15.55
17.05	17.25	17.35	17.45	17.55
19.10	19.30	19.40	19.50	20.00

Realejo Alto	Cruz Santa	Palo Blanco	Benijos	La Orotava
10.05	10.15	10.25	10.35	10.55
12.05	12.15	12.25	12.35	12.55
14.05	14.15	14.25	14.35	14.55
16.05	16.15	16.25	16.35	16.55
18.05	18.15	18.25	18.35	18.55
20.05	20.15	20.25	20.35	20.55

11 🚌 366: Buenavista — Las Portelas; täglich

Buenavista	El Palmar		El Palmar	Buenavista
07.30	07.45*	*montags bis freitags*	08.05#	08.20
09.30	09.45*		10.05#	10.20
13.15	13.30*		14.05#	14.20
17.30	17.45*		18.05#	18.20
19.30	19.45*		20.05#	20.20
07.30	07.45*	*sams-, sonn-, feiertags*	08.05#	08.20
11.30	11.45*		12.05#	12.20
13.30	13.45*		14.05#	14.20
15.15	15.30*		16.05#	16.20
19.30	19.45*		20.05#	20.20

*Ankunft La Montañeta und Las Portelas 5Min. später. #Abfahrt in Las Portelas und La Montañeta 5Min. früher.

12 🚌 111: Santa Cruz — Playa de las Américas; täglich

Santa Cruz	La Candelaria	Poris de Abona	Los Cristianos	Playa Américas
		montags bis freitags		
06.00	06.15	06.50	07.25	07.30
		sowie alle 40 Minuten bis		
20.40	20.55	21.30	22.05	22.10
		samstags, sonntags, feiertags		
06.30	06.45	07.20	07.55	08.00
		sowie stündlich jeweils um halb bis		
21.30	21.45	22.20	22.55	23.0

Playa Américas	Los Cristianos	Poris de Abona	La Candelaria	Santa Cruz
		montags bis freitags		
06.00	06.05	06.40	07.15	07.30
		sowie alle 40 Minuten bis		
21.20	21.25	22.00	22.35	22.50
		samstags, sonntags, feiertags		
06.30	06.35	07.10	07.45	08.00
		sowie stündlich jeweils um halb bis		
21.30	21.35	22.10	22.45	23.00

13 🚌 105: Santa Cruz — Punta del Hidalgo; täglich

Santa Cruz	La Laguna	Tegueste	Bajamar	Punta Hidalgo
07.35	08.05	08.20	08.30	08.45
		sowie alle 30 Minuten bis		
19.35	20.05	20.20	20.30	20.45

Punta Hidalgo	Bajamar	Tegueste	La Laguna	Santa Cruz
08.00	08.10	08.25	08.40	09.10
		sowie alle 30 Minuten bis		
20.00	20.10	20.25	20.40	21.10

14 🚌 246: Santa Cruz — Almáciga; täglich

Santa Cruz	San Andrés	El Bailadero	Taganana	Almáciga
		montags bis freitags		
06.50	07.00	07.25	07.35	07.40
10.30	10.40	11.05	11.15	11.20
13.10	13.20	13.45	13.55	14.00
		samstags, sonntags, feiertags		
07.05	07.15	07.40	07.50	07.55
09.10	09.20	09.45	09.55	10.00
11.30	11.40	12.05	12.15	12.20
14.10	14.20	14.45	14.55	15.00

Almáciga	Taganana	El Bailadero	San Andrés	Santa Cruz
		montags bis freitags		
14.10*	14.20*	14.30*	14.55*	—
15.45	15.55	16.05	16.30	16.40
18.00	18.10	18.20	18.45	18.55
20.05	20.15	20.25	20.50	21.00
		samstags, sonntags, feiertags		
12.45	12.55	13.05	13.30	13.40
15.15	15.25	15.35	16.00	16.10
17.45	17.55	18.05	18.30	18.40
20.15	20.25	14.35	21.00	21.10

*nur bis San Andrés

15 🚌 245: Santa Cruz — Igueste; täglich

Santa Cruz	Igueste	montags bis freitags	Igueste	Santa Cruz
07.25	07.55		12.30	13.00
09.10	09.40		15.10	15.40
11.50	12.20		17.10	17.40
14.25	14.55		19.10	19.40
16.10	16.40		21.10	21.40
08.40	09.10	samstags, sonntags, feiertags	13.30	14.00
10.30	11.00		15.30	16.00
12.30	13.00		19.30	20.00
14.30	15.00		21.30	22.00

Abfahrt von San Andrés etwa 15 Min. nach Santa Cruz bzw. in die Gegenrichtung 15 Min. nach San Andrés

Die folgenden Buslinien werden gegenwärtig von der TRANSMERSA betrieben. Ausgangspunkt ist der Busbahnhof nahe der Autobahn am Ortsrand von La Laguna (s.S. 7). Falls sich die Busgesellschaft ändert, werden die Busse dennoch weiterhin von diesem Busbahnhof abfahren.

16 🚌 1.705: La Laguna — Las Carboneras und Taborno; täglich

		montags bis freitags (Winter)		
La Laguna	Cruz del Carmén	Casa Negrín	Las Carboneras	Taborno
06.45	07.05	07.10	07.25	07.40
09.15	09.35	09.40	09.55	10.10
15.15	15.35	15.40	15.55	16.10
Taborno	Las Carboneras	Casa Negrín	Cruz del Carmén	La Laguna
16.30	16.15	16.45	16.50	17.10
19.30	19.15	19.45	19.50	20.10

		montags bis freitags (Sommer) sowie samstags, sonntags, feiertags (ganzjährig)		
La Laguna	Cruz del Carmén	Casa Negrín	Las Carboneras	Taborno
07.30	07.50	07.55	08.10	08.25
15.00	15.20	15.25	15.40	15.55
Taborno	Las Carboneras	Casa Negrín	Cruz del Carmén	La Laguna
16.00	15.45	16.30	16.35	16.55
19.30*	19.15*	19.45*	19.50*	20.10*

*nicht samstags, sonntags, feiertags

17 🚌 1.706: La Laguna — Afur und Roque Negro; täglich**

montags bis freitags (Winter)

La Laguna	Casa Negrín	Casa Forestal	Roque Negro	Afur
06.45	unbekannt	07.35	07.50	08.00
13.15	unbekannt	14.05	14.20	14.30

Afur	Roque Negro	Casa Forestal	Casa Negrín	La Laguna
14.45	14.55	15.10	unbekannt	16.00
17.45	17.55	18.10	unbekannt	19.00
20.00	20.10	20.25	unbekannt	21.15

montags bis freitags (Sommer)

La Laguna	Casa Negrín	Casa Forestal	Roque Negro	Afur
06.55	unbekannt	07.45	08.00	08.10
13.15	unbekannt	14.05	14.20	14.30

Afur	Roque Negro	Casa Forestal*	Casa Negrín	La Laguna
14.45	14.55	15.10	unbekannt	16.00
17.45	17.55	18.10	unbekannt	19.00
19.45	19.55	20.10	unbekannt	21.00

samstags, sonntags, feiertags (ganzjährig)

La Laguna	Casa Negrín	Casa Forestal	Roque Negro	Afur
07.00	unbekannt	07.50	08.05	08.15
13.15	unbekannt	14.05	14.20	14.30

Afur	Roque Negro	Casa Forestal*	Casa Negrín	La Laguna
14.45	14.55	15.10	unbekannt	16.00
17.45	17.55	18.10	unbekannt	19.00

*auch »Cruz de Taganana« genannt; **der Bus müßte dicht an der Casa Negrín vorbeifahren, jedoch vorab überprüfen!

18 🚌 1.710: La Laguna — Casa Forestal*; *nicht täglich*

montags bis freitags (nur im Winter)

La Laguna	Cruz del Carmen	Pico del Inglés**	Roque Negro**	Casa Forestal
09.45	10.10	10.15	10.30	10.50

Casa Forestal	Roque Negro**	Pico del Inglés**	Cruz del Carmen	La Laguna
10.30	10.50	11.05	11.10	11.35

*auch »Cruz de Taganana« genannt; **Abzweigung zum

19 🚌 1.708: La Laguna — Pico del Inglés; täglich

montags bis freitags (Winter)

La Laguna	Pico del Inglés*	Pico del Inglés*	La Laguna
10.15	10.45	10.45	11.15

montags bis freitags (Sommer)

La Laguna	Pico del Inglés*	Pico del Inglés*	La Laguna
09.15	09.45	09.45	10.15

samstags (ganzjährig)

La Laguna	Pico del Inglés*	Pico del Inglés*	La Laguna
09.15	09.45	09.45	10.15

sonn- und feiertags (ganzjährig)

La Laguna	Pico del Inglés*	Pico del Inglés*	La Laguna
10.15	10.45	10.45	11.15

*tAbzweigung zum

🌻 Ortsregister

Dieses Verzeichnis enthält lediglich Ortsnamen. Für alle weiteren Angaben siehe Inhaltsverzeichnis Seite 3. Die Aussprache ist in Klammern nachgestellt; die betonte Silbe ist fett gedruckt. Eine **fett** gedruckte Seitenzahl weist auf eine Abbildung hin, eine *kursiv* gedruckte Seitenzahl auf eine Karte; beide können auch eine Textpassage auf derselben Seite bezeichnen. »IK« bezieht sich auf die großmaßstäbliche Wanderkarte der Anaga-Halbinsel auf der Rückseite der ausfaltbaren Inselkarte. Siehe auch den Index der Busfahrpläne auf Seite 128. Aus Platzgründen wurden folgende Oberbegriffe verwandt: Barranco (Fluß oder Schlucht), Choza (Schutzhütte), Faro (Leuchtturm), Galería (Wasserstollen), Mirador (Aussichtspunkt), Montaña (Berg), Playa (Strand), Punta (Landspitze) und Zona recreativa (Picknickgebiet mit Tischen).

Adeje (A**de**che) 19, 21
Afur (**A**fur) **106**, 108-9, 112, **113**, 114, *IK*
Aguamansa (Agwa**man**sa) 11, 19, 39, 41, 43-4, 48, **51**, *53*
Almáciga (Al**ma**siga) **18**, 22-3, 116-7, 121, *IK*
Anaga-Halbinsel (A**na**ga) 28, 100-124, **104**, **113**, *IK*
 Forstpark 15, 22, *IK*
Arafo (A**ra**fo) 29, 30, 54, *57*
Arenas Negras, Las *siehe* Zona recreativa
Arico (A**ri**ko) 29, 30
Arona (A**ro**na) 21

Bailadero, El *siehe* Mirador
Bajamar (Bacha**mar**) 27, **28**
Barranco (Ba**rran**ko) Fluß oder Schlucht
 de Pedro Gil (de **Pe**dro Gil) 11, *53*, 54
 de Taborno (de Ta**bor**no) **104**, *IK*
 de Tahodio (de Ta**ho**dio) 15, 110-1, *IK*
 de Tomadero (de Toma**de**ro) 100, **Titelfoto**
 de Ujana (de U**cha**na) 16, 118-120, *IK*
 de Zapata (de Sa**pa**ta) 124-6, *IK*
 de la Alegría **110**, *IK*
 del Infierno (del In**fier**no) 21
Benijo (Be**ni**cho) 22-3, **117**, *IK*
Benijos (Be**ni**chos) 39-40, *52*
Boca de Tauce (**Bo**ka de **Tau**se) 20-1
Bodegas, Las (Las Bo**de**gas) 22-3, *IK*
Buenavista (Buena**bis**ta) 14, 24, 93, **94**, 95-6, *99*

Cabezo del Tejo (Ka**be**so del **Te**cho) 116-7, *IK*
Cabezón, El (El Kabe**son**) 77
Caldera, La (La Kal**de**ra) 11, 19, 41, 44, 48, 54, 58, **60**, *61*
Camino de las Crucitas (Ka**mi**no de las Kru**si**tas) 42, 48
Campamento Barranco de la Arena (Kampa**men**to Bar**ran**ko de las A**re**na) 82, **84**, 86, **87**, 88-9
Cañada (Schwemmebene) (Kan**ja**da) 62 (Fußnote), **64**
 de la Grieta (de la Gri**e**ta) 62, *63*, **64**
 de los Guancheros (de los Guan**tsche**ros) 13, 74, **75**, 77
Cañadas, Las (Las Kan**ja**das) 19-21, 44-73, 62-5, **66-7**, 74
 Parador (Para**dor**) 12, 20, *62*, 69, *71*
 Besucherzentrum 13, 20, **64**, 74
Canal Vergara (Ka**nal** Ber**ga**ra) 86, **87**, *91*
Candelaria, La (La Kande**la**ria) **1**, 29, 30
 Candelaria-Weg 54-7
Canteras, Las (Las Kan**te**ras) **28**, *IK*
Carboneras, Las (Las Karbo**ne**ras) 14,27-8, 100, 102-3, 112, 115, *IK*
Casa Negrín (**Ka**sa Ne**grin**) 15, 103, **104**, 105-7, *IK*
Casillas, Las (Las Ka**sil**jas) 16, **118**, 120, *IK*
Chamorga (Tscha**mor**ga) 16, 22-3, 121, *IK*
Chinamada (Tschina**ma**da) **100**, 101, *IK*
Choza (Schutzhütte) (**Tscho**sa)
 Almadi (Al**ma**di) 44, 46, **51**, *53*, *58*
 Antonio Lugo 39, 40, *52*

134 Landschaften auf Teneriffa

Bermeja (Bermecha) 11-2, *52*
Bethencourt 12
Bolinaga (Bolinaga) *52*
Chimoche (Tschimotsche) 11, **41**, 42-3, *53*, 54, 58, **60**, *61*, 116
Cruz de Fregel (**Krus** de Fre**gel**) **59**, 74-5, 77
Cruz de Luís (**Krus** de Lu**is**) 39
El Topo (El **To**po) 11, 44-5, 48, 50, *53*, **58**
J Ruiz de Izaña (Ch. Ru**is** de **I**sanja) 59, **60**, *61*
Leoncio Rodriguez (Le**on**sio Rodri**ges**) 12
Margarita de Piedra (Margar**ita** de Piedra) **12**, *52*, *74*
Montaña Alta (Monta**nja A**lta) 12, 59
Perez Ventoso (P**er**es Bentoso) 11, 44, 51, *53*
Piedra de los Pastores (Piedra de los Pas**tores**) 76, *77*
Sventenius 12, *77*
Wildpret 12
Corona, La (La Ko**ro**na) *siehe* Mirador
Corral del Niño (Ko**rr**al de **Ni**njo) 58-9, *61*
Crucita, La (La Krus**ita**) 11, 29, *53*, **54-5**, *56*
Cruz de Carmén *siehe* Mirador
Cruz de Fregel *siehe* Choza
Cruz de las Lajitas (**Krus** de las La**chi**tas) 46, **50**
Cuevas de Limón (Kuewas de Li**mon**) 60
Cumbrilla, La (La Kumbri**l**ja) 23

Degollada de Guajara (Degol**j**ada de Guachara) *71*, 72-3
Draguillo, El (El Drag**il**jo) **30-1**, 116-7, 121, *IK*

Erjos (**Er**chos) 14, 25, 90, 92, **93**, *95*
Escaleras, Las (Las Eska**l**eras) *siehe* Mirador
Esperanza, La (La Esperan**s**a) 29

Faro (Leuchtturm) (**Faro**)
de Anaga (de **A**naga) 121-2, *IK*
de Teno (de **T**eno) 24-5, 96
Fasnia (**Fas**nia) 30
Florida, La (La Florida) 43-4, 47, **49**, *53*
Fortaleza, La (La Forta**les**a) 75, *77*

Galería (Wasserstollen) (Gale**ri**ja)
Almagre y Cabezón (**A**lmagre i Kabe**son**) 74, 76, *77*
Chimoche (Tschi**mot**sche) 42, *53*, *61*
Comunidad de Nieves (Komun**i**dad de Niewes) 87
La Fortuita (La Fortu**ita**) 40-1, *52*
La Puente (La Puente) 42, *53*
La Zarza (La **S**arsa) 76
Pino Soler (**Pino** Soler) 40, *52*
Vergara Alta (Bergara **A**lta) 87
Vergara Baja (Bergara **Ba**cha) *83*, 87
Garachico (Gara**tschi**ko) 24
Gigantes, Los (Los **Chi**gan**tes**) 19, 20
Guancha, La (La Guantscha) 26, 81, *82*, 85, 88, *89*
Guía de Isora (G**i**a de **I**sora) 19, 20
Güimar (Gwimar) 29, 30

Icod de los Vinos (Ikod de los Binos) 24, **25**, 86, *88*
Icod el Alto (Ikod el **A**lto) 13, 24, 26, 78, *80*, 81, *83*, 86
Igueste (Ig**wes**te) 16, 22-3, 118, **120**, 124, 127, *IK*

Lagar, El *siehe* Zona recreativa
Laguna, La (La Laguna) 27-8
Lajas, Las *siehe* Zona recreativa
Los Cristianos *siehe* Playa

Masca (**Mas**ka) 25
Mesa del Mar (**Mes**a del **Mar**) 27
Mirador (Aussichtspunkt) (Mirador)
Bailadero, El (El Bailad**er**o) 22, 116, 118, *IK*
Chinobre (Tschinobre) 15, 116, **117**, 118-9, *IK*
Crucita, La *siehe* La Crucita
Cruz del Carmen (**Krus** del Karmen) 22, 28, *IK*
de D Martín (de De Martin) 30
de Garachico (de Gara**tschi**ko) 24-5
de la Corona (de la Ko**ro**na) 13, 26, 78, **79**, *80*, *83*
de las Chamucadas (de las Tschamuka**das**) 22
Escaleras, Las (Eska**l**eras) 14, *IK*
Ortuño (Ortunjo) 29
Pico del Inglés (**Pi**ko del Ingles) 15, 22, 27-8, 110, *IK*
Pico de las Flores (**Pi**ko de las **Flo**res) 29
Montaña (Berg) (Montan**j**a)
Alta (**A**lta) 19, *60*
Blanca (**Bl**anka) **64**, 65-6, *67*, 68
de Atalaya (de Atalaja) 124-5, *IK*
de Guajara (de Guachara) **14**, *62*, 64, *71*, **72**, 73

Ortsregister

de las Arenas (de las Arenas) **54-5**, *56*
de Limón (de Limon) *61*
Negra (Negra) *91*, 92
Teide, El (El **Tei**de) 51, 59, 64, 65, **66-7**, **68-9**
Montañeta, La (La Montanjeta) 13, 26, 90, *91*, *94*, 96, *99*

Organos, Los (Los **Or**ganos) 42, 44-5, 48, **49**, **60**
Orotava, La (La Orotaba)19, **21**, **23**, 30, 39-43, **50**, *53*, **79**

Palmar, El (El **Pal**mar) 25, 26, 93, *94*, 95, *99*
Palmas, Las (Las **Pal**mas) 121, 123, *IK*
Palo Blanco (**Pal**o **Blan**ko) 39, 74, 76, 77, 78, *80*
Partidos de Tranquis, Los (Los Partidos de Trankis) *90*, 92
Pedro Gil (**Pedro Chi**l) 41-2, 48, **49**, *53*, 54
Pico del Inglés *siehe* Mirador
Piedra de los Pastores (Piedra de los Pastores) 74
Piedras Amarillas (Piedras Amariljas) 12, **17**, *62*, **63**, 64, *71*, **72**
Pino Alto (**Pino Al**to) 44, 47, *53*
Pinoleris (Pino**le**ris) 43, **49**, *53*
Playa (Strand) (**Pla**ja)
 de Antequera (de An**te**kera) 124, 127, *IK*
 de Benijo (de Be**ni**cho) 16
 de las Teresitas (Tere**si**tas) 23
 de los Troches (de los **Trot**sches) 14, *IK*
 del Roque (del **Ro**ke) 23
 del Tamadite (del Ta**ma**dite) 106, 108, *IK*
Playa de las Américas (de las Ameri**ka**s) 19, 21
Playa de los Cristianos (de los Kristja**nos**) 19, 21
Portela Alta (Portela **Al**ta) 93, *94*, 95
Portela Baja (Portela **Ba**cha) *94*
Portillo, El (El Por**til**jo) 12, 20, 29, 58, *60*, 62, *63*, 74, 77
Puerto de la Cruz (Puerto de la **Krus**) 19, 22, 24, 27, 29
Stadtplan 8-9
Puerto de Santiago (Puerto de Sant**ja**go) 20
Punta (Landspitze) (**Pun**ta)
 de Teno (de **Te**no) 24-5
 del Fraile (del **Frai**le) 14, 25, *99*

del Hidalgo (del l**dal**go) 14, 27, 100, *IK*

Realejos, Los (Los Rea**le**chos) 26, *80*
Redondo (Re**don**do) 26
Roque (Felsen) (**Ro**ke)
 Anambro (A**nam**bro) **117**
 Bermejo (Ber**me**cho)121-2, *IK*
 del Peral (del Pe**ral**) 74, 77
 de Taborno (de Ta**bor**no) **102**, 103, 105, *IK*
 Negro (**Ne**gro) 22, **106**, 109, *IK*
Roques Blancos (**Ro**kes **Blan**kos) 70
Roques de García, Los (Los **Ro**kes de Gar**si**a) 12, **68-9**, 70, *71*, **72**, *75*
Cuevas de los Roques (Kuewas de los **Ro**kes) 69, **70**, *70*

San Andrés (San **An**dres) 22-3, *IK*
San Juán (San **Chu**an) 20
San Juán de la Rambla (San **Chu**an de la **Ram**bla) 24
Santa Cruz (**San**ta **Krus**) 110-1, *IK*
Stadtplan 8-9
Santiago del Teide (Sant**ja**go del **Tei**de) 24-5

Taborno (Ta**bor**no) 14, 27-8, **102**, 103-4, 106, 112, 115, *IK*
Tacoronte (Tako**ron**te) 27
Tafada (Ta**fa**da) 121, 123, *IK*
Taganana (Taga**na**na) 15, 22-3, 112, **114**, *IK*
Tamaimo (Ta**mai**mo) 20
Tanque, El (El **Tan**ke) 25
Tegueste (Te**ge**ste) 28
Teide, El *siehe unter* Montaña
Tejina (Te**chi**na) 27
Teno Alto (**Te**no **Al**to) 96-7, *99*
Teno Bajo (**Te**no **Ba**cho) 96, **97**, *98*

Valle Guerra (Balje **Ge**ra) 27
Vega, La (La **Be**ga) 26, 86, *88*
Vilaflor (Bila**flor**) 19, 21

Zona recreativa (ICONA-Picknickgelände; s.S. 10) (**So**na rekreatiwa)
Anaga-Forstpark 15, 22
Arenas Negras, Las (Las **A**renas **Ne**gras) 13, 24, 90, *91*, **92**
Chanajiga (Tschana**chi**ga) 12, 13, 39, 74, 76, *77*, 78-9, *80*
Chio (**Tschio**) 19
Lagar, El (El **La**gar) 13, 24, 81, *82*, **84**, 86-8, **89**
Lajas, Las (Las **La**chas) 19, 21